AF139331

Niemand lebt für sich allein

Warum keiner allein glücklich werden kann

Für meine Kinder und für alle, die die Hoffnung noch nicht aufgegeben haben.

Niemand lebt für sich allein

Warum keiner allein glücklich werden kann

Eine Inspiration von Ingo Schäfer

Impressum

Bibliografische Information der Deutschen Nationalbibliothek :

Die Deutsche Nationalbibliothek verzeichnet diese Publikation in der Deutschen Nationalbibliografie; detaillierte bibliografische Daten sind über http://dnb.dnb.de abrufbar.

© 2015 Ingo Schäfer

Herstellung und Verlag:

BoD – Books on Demand, Norderstedt

ISBN: 978-3-7347-5616-0

Vorwort

2013 habe ich mein erstes Buch veröffentlicht. Es trug den Titel „Ordnung im Chaos" und handelte von uns als Individuum und unserem Problem, uns zu organisieren und das Beste zu erreichen.

Mit zunehmenden Alter stelle ich mir die Frage, warum sind die Dinge um mich herum so, wie sie sind? Warum verhalten sich die Menschen so, wie sie sich verhalten und warum wird es anscheinend immer schlimmer?

Bereits in „Ordnung im Chaos" habe ich mich intensiv über den Automat Mensch ausgelassen. In dem nun vorliegenden Buch gehe ich noch weiter.

Mir ist klar geworden, was uns als Individuum antreibt oder blockiert, warum wir eine Gruppe brauchen, in der wir geborgen sind und wie wir dahin gekommen sind, wo wir jetzt sind.

Die gesellschaftliche Entwicklung ist nämlich nicht ohne Auswirkungen auf uns, aber die Gesellschaft ist auch eine Konstruktion von uns. Wir haben die Umstände selbst geschaffen, die wir jetzt beklagen. Wir sind nicht das Opfer dieser Gesellschaft, wir sind der Konstrukteur dieser Gesellschaft. Jeden Tag, bei jeder Begegnung mit unseren Mitmenschen. Was könnten wir tun, was müssten wir ändern? Dieses Buch ist der Versuch eine Inspiration zu geben, der Versuch diese Welt und uns selbst zu verstehen.

Ohne Menschen, die einem helfen, geht es nicht auf dieser Welt!

Danke an meine Frau Eva-Barbara für ihre Korrektur und ihre unendliche Geduld, Wolfgang Gehrig für seine Korrektur, Leo Störmer und Deniz Erdinc für ihre Anmerkungen und Anregungen zur Rohfassung dieses Werkes.

Auch für dieses Buch hat meine Tochter Annika das Cover erstellt.

Danke an alle, die mir täglich die Erkenntnisse zu diesem Buch geliefert haben.

Für meine Kinder und für alle, die die Hoffnung noch nicht aufgegeben haben.

Ingo Schäfer - Januar 2015

1 : Wie wir funktionieren

1.1 Wie wir handeln - Der Automatikregelkreis

Du kannst einen Menschen nichts lehren. Du kannst ihm nur helfen, es in sich zu finden. (Galileo Galilei)

- - - - - - -

Seit vielen Jahren mache ich mir Gedanken darüber, wie wir Menschen funktionieren. Warum verhalten wir uns in bestimmten Situationen so, wie wir uns verhalten? Denken wir über die Dinge, die wir tun und sagen, nach oder gibt es automatisierte Reaktionen, Handlungen und Gefühle? Warum haben wir einen Verstand oder meinen einen zu haben?

Bei der Analyse unserer Handlungen und was uns antreibt, ist mir aufgefallen, dass wir zwei mehr oder weniger autarke Regelkreise in unserem Kopf haben. Diese Regelkreise sorgen dafür, dass wir uns in der Welt zurechtfinden. Es ist so, als hätten wir zwei Männchen im Kopf. Das eine Männchen, nennen wir es Automatikregelkreis, kümmert sich nur um Routinen und versucht alle Dinge, die wir öfters tun, zu automatisieren. Es schreibt dafür ein Programm oder eine Handlungsanweisung, damit wir in Zukunft in ähnlicher Situation genau wissen, was zu tun ist. Wenn wir uns nach dieser Handlungsanweisung verhalten, belohnt uns das Männchen mit Gefühlen.

Das andere Männchen, nennen wir es Motivationsregelkreis, ist voller Neugier, sucht neue Wege und probiert Dinge aus, die wir noch nie probiert haben. Diesem Männchen haben wir es zu verdanken, dass wir uns Fragen stellen wie: Was wäre wenn? Wir entwickeln also Alternativen zu der aktuellen Situation und können diese durchdenken.

Denken ist immer schwieriger als einer Handlungsanweisung, einem Automatismus folgen. Auf der anderen Seite kommt man besser voran, wenn man wiederholbare Abläufe automatisiert. Unsere zwei Männchen haben also jeweils ihre Berechtigung. Wenn beide Männchen zusammenarbeiten, sind wir als Mensch unschlagbar.

Der älteste Regelkreis ist der Automatikregelkreis.

In meinen bisherigen Publikationen habe ich vom Automat Mensch, vom Modell von Welt, vom Bewusstsein und vom Verstand gesprochen. Bei den Recherchen zu diesem Buch ist mir klar geworden, dass dieses einfache Modell eine Modifikation benötigt.

Mit der klaren Trennung in einen Automatikregelkreis und einen Motivationsregelkreis kann unser Verhalten viel besser beschrieben werden. Man kann damit Handlungen beschreiben und nachvollziehen, warum sich Menschen so oder so verhalten.

Da nicht jeder Leser meine bisherigen Publikationen kennt, erkläre ich nochmal am einfachen Automat Mensch wie wir auf die Welt reagieren.

Der Automat Mensch ist dabei ein Modell darüber, wie wir mit der Welt interagieren. Automat Mensch nenne ich dieses Modell, weil ich aus dem Bereich der Automatisierungstechnik komme und ich den Menschen wie einen Automaten oder Roboter betrachten möchte. Es ist also die Sichtweise eines Technikers, ich versuche es aber für alle verständlich zu beschreiben.

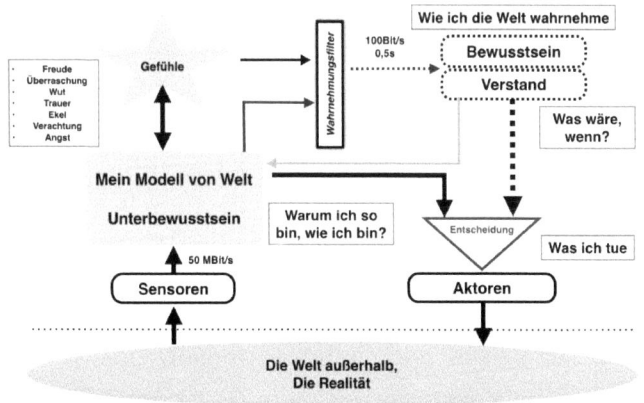

Bild 1 - Wie der Mensch funktioniert

Wir Menschen nehmen Signale von der Welt auf und wir handeln in dieser Welt. Die Welt ist immer außerhalb von uns. Um Signale wahrzunehmen benötigt man bei einem Automaten Sensoren. Unsere Sensoren sind die fünf Sinne: Sehen, Hören, Fühlen, Schmecken und Riechen. Damit ein Automat etwas tun kann, braucht er Aktoren. Unsere Aktoren sind Hände, Füße, Mund und Augen.

Jetzt wissen wir alle, dass diese Welt da draußen viele Signale für uns bereit hält. Die Datenmenge ist gewaltig, ich habe mir immer 50 MBit/s gemerkt. Nicht alles davon ist wichtig für uns.

Alle diese Daten gehen direkt in unser Unterbewusstsein. Der Gehirnforscher spricht auch vom *Limbisches*

System. Hierbei handelt es sich um ein gigantisches neuronales Netz. Dieses Netz bildet mein Modell von Welt. Es bestimmt wesentlich, wie ich bin.

In diesem Modell von Welt werden die notwendigen Signale herausgefiltert. Nur diese Signale gelangen dabei in unser Bewusstsein. Ich nenne diesen Filter Wahrnehmungsfilter. Das Modell von Welt ist in der Lage, selbstständig Entscheidungen zu fällen bzw. Entscheidungen zu beeinflussen. Diese Entscheidungen kommen automatisch aus dem Neuronen Netz heraus. Diese Entscheidungen haben wir gelernt oder jahrelang geübt, sie wurden automatisiert.

Von allen Signalen, die wir empfangen, gelangen nur 100 Bit/s in unser Bewusstsein. Wir nehmen nur wenige Dinge bewusst wahr. Wenn wir uns aber bewusst für etwas interessieren, fokussieren wir den Wahrnehmungsfilter und sehen mehr von den Dingen, die uns wichtig sind.

Ich habe also die Möglichkeit einzugreifen, bewusst. Dies nenne ich in Zukunft den Motivationsregelkreis.

Aber befassen wir uns zunächst mit dem Neuronalen Netz. Ein neuronales Netz besteht aus vielen Neuronen, die über sogenannte Synapsen verschaltet sind. Ein Neuron kann zwei Zustände haben: aktiv oder inaktiv. In jedem Neuron werden die Eingangssignale aller Synapsen addiert und ab einem bestimmten Wert „feuert" das Neuron. Der

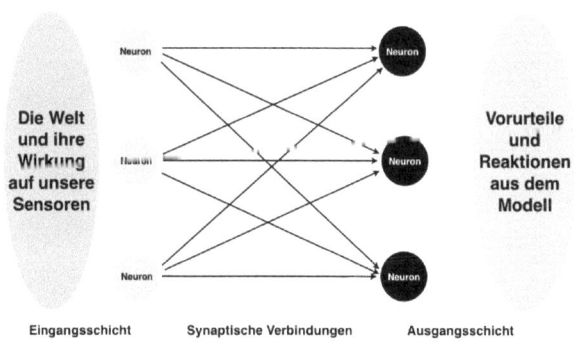

Bild 2 - Neuronales Netz

Trick hierbei ist, dass es praktisch dicke und dünne Verbindungen gibt. Je häufiger eine Verbindung verwendet wird, umso dicker wird diese. Es ist praktisch wie ein Spaziergang im Gras. Wird ein Weg im Gras häufiger verwendet, dann bildet sich hier eine Spur, eine Schneise. Diesen Vorgang nennen wir Lernen.

Die einfachen Regeln im Neuronen Netz lauten:

Use it or loose it : Verbindungen, welche nicht genutzt werden, gehen verloren.

What fires together, wires together : Feuern benachbarte Neuronen, dann wird zwischen diesen auch eine Verbindung angelegt.

Unser Gehirn hat Milliarden dieser Neuronen und Verbindungen dazwischen.

In diesem Netz werden jede Sekunde automatisch Entscheidungen gefällt. Viele davon werden uns nicht un-

7

bedingt bewusst, weshalb ich diesen Teil als Automatikregelkreis bezeichne.

Laufen, essen und viele andere lebenswichtige Dinge
werden hier geregelt, ohne dass wir darüber nachdenken. Aber auch alle unsere motorischen Qualitäten liegen im Modell von Welt. Fussballspielen, Tennis usw.

Schauen wir uns meinen verbesserten Automat Mensch
genauer an und beginnen dabei mit dem Automatikregelkreis. Im Bild ist das der linke Teil.

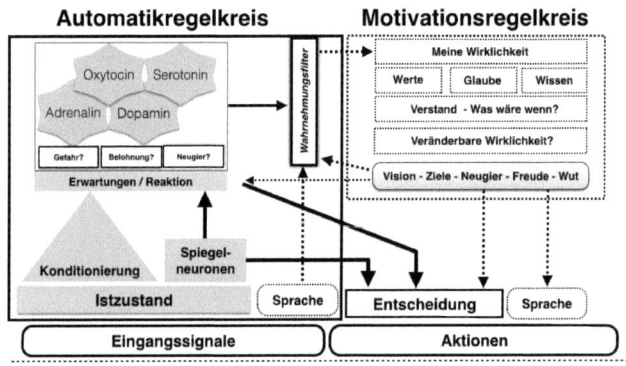

Bild 3 – Automat Mensch – Die zwei Regelkreise

Die Welt da draußen ist die Realität. Es ist die objektive
Wirklichkeit, von der ich nicht genau weiß, ob wir sie
jemals wahrnehmen können.

Alle Eingangssignale unserer Sensoren (Sehen, Hören,
Riechen, Fühlen und Geschmack) gehen über unsere
Spiegelneuronen. Bevor uns noch etwas bewusst wird,
antworten diese Neuronen mit einer Reaktion. Du lä-

chelst mich an, ich lächle zurück, ohne darüber nachzudenken. Da diese Aktion immer auch eine Rückwirkung in das Modell von Welt hat, fühle ich das Gleiche, wie du fühlst. Empathie wird so erst möglich. Wichtig dabei ist die räumliche Nähe zu unserem Gegenüber. Je weiter wir entfernt sind, umso weniger wirken die Spiegelneuronen. Bei Kommunikation über Mail und Chat fehlt Empathie gänzlich, weshalb es so einfach ist, jemanden darüber zu denunzieren.

Das Automatiksystem produziert aus allen Signalen einen sogenannten Istzustand. Hierbei handelt es sich um ein Bild der Welt da draußen. Wir reagieren auf alles außerhalb mit unseren gelernten Reaktionsmustern. Man bezeichnet dies auch Konditionierung. Sprache, die wir von unserem Gegenüber empfangen, wird sofort an unseren Verstand weitergeleitet.

Der Automatikregelkreis kann nicht sprechen! Er kann nur fühlen! Deshalb ist es auch so schwierig, Gefühle verbal zu beschreiben. Basierend auf diesen Erwartungen gibt es im wesentlichen drei aktive Zustände und Bewertungen.

Gefahr

Droht uns aus dem aktuellen Istzustand Gefahr und das System ist bedroht, dann wird das Erhaltungssystem aktiviert. Es kennt drei mögliche Reaktionen: Flucht, Kampf oder Ohnmacht. Zur Verstärkung werden Hormone wie Adrenalin und Cortisol ausgeschüttet. Hormone dienen dem Doping unseres Systems. Hormone steigern die Leistungsfähigkeit, lindern den Schmerz oder sorgen dafür, dass wir uns gut fühlen. Adrenalin steigert unsere Leistungsfähigkeit. Cortisol erhöht die Aufmerksamkeit in gefährlichen Situationen.

Belohnung, Freude

Ein weiterer Zustand, vielleicht der wichtigste überhaupt, ist Belohnung.

Wir selbst oder Menschen, die wir mögen, haben etwas erreicht. Unser Automatiksystem belohnt uns hier durch die Ausschüttung von Hormonen. Einige dieser Hormone sind dafür verantwortlich, dass wir uns entwickeln; dass wir Dinge tun, obwohl es hierzu keine Notwendigkeit gibt. Wir kümmern uns zum Beispiel um Lebensmittel, obwohl wir keinen Hunger haben. Dieser Trieb ist überlebenswichtig. Belohnung treibt uns an, führt dazu, dass wir Veränderung anstreben. Wir haben ein körpereigenes Belohnungssystem. Es belohnt uns für Dinge. Nicht mit Geld, sondern mit Freude und guten Gefühlen.

Neugier

Der dritte Zustand ist Neugier: Der Drang, uns zu entwickeln und unsere Ziele zu erreichen, wenn wir denn welche haben.

Neugier und Ziele kommen von unserem Motivationsregelkreis. Sie werden in unseren Automatikregelkreis übertragen. Der aktuelle Istzustand wird hier immer mit unseren Erwartungen verglichen. Werden die Erwartungen nicht erfüllt, dann ist eine Adaption erforderlich. Dann wird uns der Zustand auch bewusst.

Wann immer unsere Erwartungen erfüllt werden, erfolgt auch hier eine Hormonausschüttung.

Neugier und Ziele führen ebenfalls zu Belohnung.

Erwartungen

Unsere Erwartungen tragen zu den unbewussten Entscheidungen bei. Über den Wahrnehmungsfilter werden uns Teile davon bewusst.

Wir Menschen haben auf jedes Eingangssignal eine bestimmte Erwartung. Entweder, weil wir eine ähnliche Situation schon einmal erlebt haben oder weil wir erwarten, dass sich eine bestimmte „Geschichte", wie erwartet, weiter entwickelt.

Wir vergleichen diese Erwartungen mit dem, was passiert. Gibt es Abweichungen, dann reagieren wir mit Angst oder Neugier darauf. Angst bremst unsere Entwicklung, Neugier führt dazu, dass wir Dinge hinzu lernen.

Der Automatikregelkreis ist wie beim Tier. Automatisch passen wir uns an die Umwelt an und sorgen dafür, dass unsere Erwartungen erfüllt werden. Ein genialer Regelkreis, der das Überleben sichert.

Angst, Belohnung und Neugier treiben uns an, ständig und meistens unbewusst. Angst ist dabei viermal so stark wie Belohnung. Das ist auch der Grund, warum Drohen und Angst machen auch heute immer noch funktionieren.

Der Automatikregelkreis sichert unser Überleben in der Welt da draußen. Er adaptiert uns an die Realität.

Der Automatikregelkreis bestimmt, wer wir sind und wie wir uns täglich verhalten. Er wiederholt unsere Gewohnheiten. Sie zu ändern, ist Aufgabe des Motivationsregelkreises.

Vorher müssen wir uns aber noch mit Oxytocin, Serotonin, Dopamin und Adrenalin befassen. Oder einfach ausgedrückt, wir müssen genauer über Gefühle reden.

1.2. Die Macht der Gefühle

Es ist schwerer, Gefühle, die man hat, zu verbergen, als solche, die man nicht hat, zu heucheln.

(Rochefoucauld)

- - - - - - -

Der Automatikregelkreis hat eine große Stärke, die ihn unterstützt: Er kann Gefühle auszulösen. Gefühle sind chemische Reaktionen, die dazu führen, dass wir etwas fühlen. Unser Automatikregelkreis belohnt uns mit guten Gefühlen. Da wir belohnt werden, strengen wir uns an.

Er erzeugt „schlechte" Gefühle, wenn wir uns unwohl fühlen oder Angst haben.

Im nachfolgenden gehe ich auf die wesentlichen Hormone ein, die uns hier beeinflussen.

Dopamin und Serotonin

Beide Hormone sorgen dafür, dass wir uns gut fühlen, sie sind Teil des menschlichen Belohnungssystemes.

Dopamin wird auf natürliche Weise erzeugt und sorgt für Glücksgefühle. Es entsteht beim Essen und Sex. Aber auch Sport und das Erreichen von Zielen sorgen für Dopaminausschüttung. Dopamin verstärkt die Handlungsimpulse und sorgt dafür, dass Handlungen stattfinden.

Dopamin ist eines der wichtigsten Hormone überhaupt, da es dafür sorgt, dass wir Dinge erreichen und unsere Aufgaben erfüllt bekommen.

Wenn wir auf Facebook feststellen, dass jemand uns ein „Like" geschickt hat, dann hat auch dies einen Dopaminschub zur Folge. Dopamin ist nichts dauerhaftes. Es klingt relativ schnell ab und wir suchen dann nach einem neuen Dopaminschub.

Dopamin sorgt dafür, dass wir Dinge tun, obwohl diese nicht notwendig sind. Unsere Vorfahren sind früher auch auf die Jagd gegangen, obwohl sie satt waren. Wären sie erst beim Auftreten von Hunger jagen gegangen, wären wir wahrscheinlich ausgestorben.

Unsere Vorfahren zogen los, so wie wir in den Supermarkt gehen, obwohl wir nichts brauchen. Dopamin treibt uns an.

Die Nachteile von Dopamin sind die gleichen wie bei Alkohol und Drogen: Realitätsverlust und Sucht.

Unser Belohnungssystem, unser gesamter Automatikregelkreis wurde für knappe Ressourcen konzipiert, um unser Überleben im Mangel zu gewährleisten.

Serotonin sorgt ebenfalls für gute Stimmung. Ernährung und auch gute Erinnerungen sorgen für die Bildung von Serotonin. Serotonin harmonisiert unsere Vorgänge im Gehirn. Serotonin verbindet uns mit den anderen Menschen. Die Ausschüttung findet sowohl in uns als auch in den anderen Menschen statt.

Serotonin bildet die "soziale Komponente" unseres Belohnungssystemes.

Wenn meine Kinder ihr Abiturzeugnis überreicht bekommen, dann haben sowohl meine Kinder als auch ich eine Serotoninauschüttung.

Es ist die Chemie, die uns antreibt Dinge zu erreichen. Wir wollen uns gut fühlen!

1954 haben *James Olds und Peter Milner* Ratten in einem Versuch die Möglichkeit gegeben, ihr Belohnungszentrum zu stimulieren. Das Ergebnis war, dass die Ratten weder aßen noch tranken und nur noch ihr

Belohnungszentrum stimulierten, bis sie tot waren.
Wenn beide Hormone nicht abklingen, werden wir
wahnsinnig und verlieren die Kontrolle.
Zu viel ist einfach zu viel! Es ist nicht gut, nur belohnt
zu werden!
Unser Belohnungssystem stammt aus einer Zeit der
knappen Ressourcen. Über Jahrtausende hatten wir keinen Überfluss, sondern Mangel. In einem Überflusssys-
tem kann dieses System Schwierigkeiten machen.

Adrenalin und Cortisol

Angst und Bedrohung führen zur Ausschüttung von *Adrenalin und Cortisol.* Der Automatikregelkreis dopt
unseren Körper und macht Höchstleistungen möglich.
Der Herzschlag erhöht sich und die Bronchialen erwei-
tern sich. Kurzum: der Körper bereitet sich auf Höchstleistungen vor.
Cortisol ist hierbei schon da, wenn wir eine Bedrohung
„spüren" . Hierbei spielt es keine Rolle, ob es sich um
eine reale Bedrohung oder eine eingebildete Bedrohung
handelt. Wann immer wir eine Bedrohung spüren, ist
Cortisol im Spiel.
Wenn meine Kollegen das Gerücht vom Arbeitsplatzab-
bau verbreiten, erhöht dies den Cortisolspiegel der ganzen Gruppe.
Adrenalin kommt hinzu, wenn wir flüchten müssen. Die
Gefahr wird jetzt real und verlässt den Bereich der Ver-
mutung.
Jetzt läuft das Notprogramm zum Überleben.
Ein Nebeneffekt hierbei ist die Blockade unseres Motivationsregelkreises. Auch das Hormon Oxytocin wird
durch Cortisol reduziert.

Es geht jetzt um das Überleben des Systems; da darf keine Zeit mit nutzlosen Gedanken verschwendet werden. Die Reduktion von Oxytocin macht zudem menschliche Kontakte schwieriger.

Wer gedankliche Höchstleistungen vollbringen will, darf keine Angst haben, keine Bedrohung fürchten und keinen Stress haben. Denn Stress ist Angst; chemisch gesehen. Stress führt zu Adrenalinausschüttung und damit zur Denkblockade.

Auch menschliche Kontakte verkümmern bei dauerndem Stress, da Oxytocin immer weiter reduziert wird.

Eine Gruppe mit hohem Cortisolspiegel ist wenig kreativ und auch nicht kooperativ. Wer in einer Umgebung lebt, in der er keine Sicherheit hat, wird auf Dauer krank.

In unseren Firmen herrscht heute oft ein ähnliches Klima. Die Menschen halten nicht mehr zusammen, jede Nachricht erzeugt Angst und es gibt keine Kreativität mehr.

Oxytocin

Oxytocin ist das „Sozialhormon". Es beeinflusst das Verhalten zwischen Mutter und Kind, zwischen Geschlechtspartnern und Menschen allgemein. Hautkontakt führt zur Ausschüttung. Es beruhigt uns und wird auch als Kuschelhormon bezeichnet.

Ein hoher *Oxytocinspiegel* reduziert die Abwehr gegen Außenseiter und dient dem Stressabbau.

Je höher der Oxytocinspiegel umso mehr vertrauen wir unserem Gegenüber.

Körperliche Nähe und Berührung erhöhen den Oxytocinspiegel. Da Oxytocin sich auch positiv auf unser Immunsystem auswirkt, liegt darin eventuell eine Erklärung, warum Handauflegen zur Heilung führen kann. Oxytocin und Serotonin sind Hormone, die für die menschliche Wechselwirkung, für unser Sozialverhalten, wichtig sind. Ohne diese beiden Hormone sind wir ein einsames Individuum.

Wir Menschen sind soziale Wesen; das werden wir in Kapitel 2 noch sehen. Oxytocin und Serotonin sorgen dafür, dass wir uns in Gemeinschaft gut fühlen, dass wir Gemeinschaft suchen.

Verliebte Paare, die lange zusammen leben, haben einen hohen Oxytocin-Spiegel, das wurde in wissenschaftlichen Studien ermittelt. Ohne Oxytocin sind langfristige Bindungen anscheinend nicht möglich.

1.3. Was uns antreibt - Der Motivationsregelkreis

Wenn die Sonne nicht auf Lob und Bitten wartet, um aufzugehen, sondern eben leuchtet und von der ganzen Welt begrüßt wird, so darfst auch du weder Schmeichelei noch Beifall brauchen, um Gutes zu tun. Aus dir selbst heraus musst du es tun: Dann wirst du wie die Sonne geliebt werden. (Epiktet)

- - - - - - -

Der Automatikregelkreis ist wie beim Tier. Uns Menschen ist aber noch ein zweiter Regelkreis gegeben, welcher uns erst zum Menschen macht. Dieser Motivationsregelkreis treibt uns an, die Dinge und die Welt um uns herum zu verändern, indem wir uns verändern.

Wir suchen neue Wege, entwickeln Alternativen und schaffen veränderbare Wirklichkeiten. Schauen wir uns diesen einzigartigen Regelkreis an.

Über unseren Wahrnehmungsfilter gelangt die Realität in unser Bewusstsein: gefiltert und mit einer Verzögerung von ca. 0,5 Sekunden. Wir nehmen also nicht die Realität wahr, sondern nur eine Wirklichkeit. Unsere Wirklichkeit, gefiltert durch unseren eigenen Wahrnehmungsfilter. Man kann es nicht oft genug sagen: Jeder Mensch hat seine eigene Wirklichkeit, seine eigene Sicht auf die Dinge, ja seine eigene Welt.

Diese Wirklichkeit bewerten wir jetzt mit unserem Wissen, unserem Glauben und unseren Werten. Mit der Kraft unseres Verstandes wird die Frage „Was wäre wenn?" gestellt. Treibende Kräfte sind auch hier Angst vor Gefahr, Vorteil und Entwicklung sowie die Suche nach Glück und Spaß.

Gefahr

Wer mit Angst erzogen wurde und deshalb ein ängstlicher Mensch ist, den treibt Angst und Gefahr im Alltag. Man sieht in jedem Ereignis eine potenzielle Bedrohung. Man ist ständig auf der Flucht und in Verteidigungsstellung. Diese Kraft hindert unsere Entwicklung, macht uns klein und hilflos.

Angst verändert meine Wirklichkeit und ich entferne mich von der objektiven Realität. Die wenigsten Ereignisse in meinem Leben sind wirklich lebensbedrohend. Die Ängste aber schon. Sie zerstören meinen Mut und damit meine Entwicklung. Wie Cortisol und Adrenalin wirken, habe ich bereits beschrieben.

Vorteil und Entwicklung

Jeder Mensch wird mit der tiefen Überzeugung geboren, dass er die Welt um sich herum verändern kann. Mit dieser Überzeugung sucht jeder danach, sich zu entwickeln und die Umstände zu seinem Vorteil zu verbessern. Das ist stärkster Antrieb in uns: das Streben nach Verbesserung und Entwicklung.

Wir vergleichen unsere aktuelle Wirklichkeit mit einer möglichen, gedachten Wirklichkeit. Gefällt uns diese gedachte Wirklichkeit besser, dann streben wir danach. Große Differenzen zwischen unserer gedachten und der aktuellen Wirklichkeit treiben uns dabei am stärksten an. Ob wir allerdings auf dem Weg zu dieser veränderbaren Wirklichkeit bleiben, hängt von unserer Begeisterung und damit wiederum von unseren Gefühlen ab.

Spaß und Glück

Schon in der Amerikanischen Unabhängigkeitserklärung steht das Streben nach Glück als Antrieb der Menschen. Neben Angst und der Suche nach Verbesserung ist die Suche nach Glück und Spaß ganz wichtig bei unserer Motivation. Mit diesen 3 Kräften entwickelt unser Verstand eine Vision bzw. ein Ziel.

Visionen und Ziele fokussieren unsere Gedanken. Nur was wir vor unserem geistigen Auge sehen, können wir auch erreichen. Visionen und Ziele fokussieren unseren Wahrnehmungsfilter. Plötzlich sehen wir Dinge, die wir früher nicht gesehen haben.

Der Motivationsregelkreis stellt die Frage nach veränderbarer Wirklichkeit. Halten wir die Wirklichkeit für veränderbar, dann treibt uns der Motivationsregelkreis an. Wir entwickeln Neugier, Visionen und Begeisterung. Diese fokussieren den Automatikregelkreis.

Was wir uns vorstellen, wovon wir eine Vision haben, das bestimmt unsere Wirklichkeit und wir können es auch erreichen.

Ganz so einfach ist es aber leider nicht. Ohne ein Zusammenspiel beider Regelkreise kommen wir nicht voran. Niemals ist ein Regelkreis alleine aktiv. Erst das richtige Zusammenspiel bringt uns voran.

1.4. Zusammenspiel beider Regelkreise

Wir warten unser Leben lang auf den außergewöhnlichen Menschen, statt die gewöhnlichen um uns herum in solche zu verwandeln. (Hans Urs von Balthasar)

– – – – – – –

Wir haben also zwei Regelkreise im Kopf. Keiner dieser Regelkreise ist allerdings alleine wirksam. Immer beeinflussen sich beide gegenseitig. Wie funktioniert die Zusammenarbeit beider Regelkreise?

Beide Regelkreise können dabei gegeneinander wirken oder miteinander.

Was uns Menschen wirklich voran bringt und entwickelt, nenne ich den sogenannte Flow-Zustand. Die Rückkopplung beider Regelkreise führt zu hoher Produktivität, Leistung, Zielerreichung und Glück.

Wir erreichen Ziele, die unser Leben nachhaltig verändern. Was passiert in diesem Zustand?

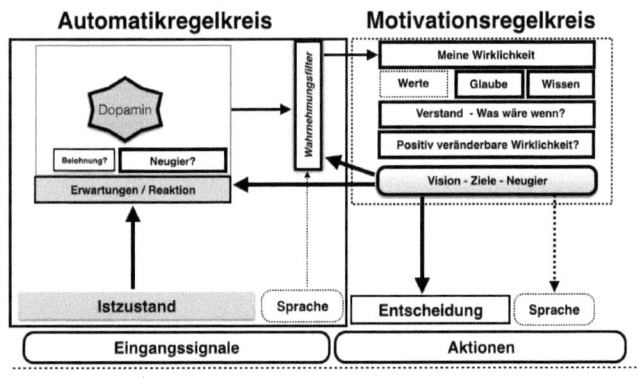

Bild 4 – Flow – Zustand höchster Produktivität

Eine Vision oder ein Ziel aktiviert unsere Neugier. Neugier sensibilisiert unseren Automatikregelkreis. Plötzlich nehmen wir Dinge wahr, die wir gestern noch übersehen haben. Das kennst du sicherlich aus deinem Alltag. Du interessierst dich für ein neues Auto, sagen wir einen Mini Roadster. Du denkst, dass ist ein Auto, welches nicht jeder fährt. Was passiert? In den nächsten Tagen siehst du überall Mini Roadster. Die waren auch schon vorher da, du hast sie aber nicht wahrgenommen, da sie nicht wichtig waren.

Neugier ist die treibende Kraft, jeder auch noch so kleine Fortschritt in Richtung Ziel, führt sofort zur Dopaminausschüttung. Wir fühlen uns gut. Wir haben etwas erreicht. Der Wahrnehmungsfilter ist ebenfalls fokussiert. Dic Wirklichkeit zeigt, dass wir auf dem Weg sind. Beide Kreise haben das gleiche Ziel, wir sind hier und jetzt auf unser Ziel fokussiert. Jeder Schritt auf unser Ziel führt dazu, dass wir uns gut fühlen. Die Macht ist stark in uns, würde man in Star-Wars sagen. Wir sind bewusst im Hier und Jetzt. Motivationsregelkreis und Automatikregelkreis sind in der Gegenwart. Geist und Gefühl sind genau hier.

Was wir in diesem Zustand aufnehmen, wird besonders gut abgespeichert und gelernt.

Schauen wir uns den Motivationsregelkreis aber nochmal genauer an.

Wirklichkeit

Im Gegensatz zur objektiven Realität, die außerhalb von uns existiert, ist die Wirklichkeit das, was unser Gehirn aus dieser Realität herausfiltert. Diese Wirklichkeit sorgt dafür, dass ich im Kühlschrank trotz Suchen nichts finde, meine Frau aber mit einem Griff das Richtige erwischt.

Meine Wirklichkeit ist eine andere als die meiner Frau. Mein Wahrnehmungsfilter ist ebenfalls anders eingestellt. Wir alle tragen unsere eigene Wirklichkeit in uns. Seit ich dies weiß, verurteile ich niemanden vorschnell, der eine andere Sichtweise besitzt. Seine Wirklichkeit ist eine andere Wirklichkeit als meine und wer recht hat, ist eine rein philosophische Frage. Es macht einfach keinen Sinn, Glaubenskriege um Wahrnehmung der Wirklichkeit zu führen.

Die verschiedenen Wirklichkeiten erhöhen in einer Gruppe die möglichen Optionen und Chancen. Deshalb müssen wir lernen, mit der Wirklichkeit des anderen umzugehen.

Aus deiner Wirklichkeit und meiner Wirklichkeit könnten wir eine neue Realität schaffen, die Realität verändern.

Können wir Menschen überhaupt die Realität erfassen?

Wissen - Lernen

Wissen ist das, was ich in meinem Gehirn abgespeichert habe. Das ist ein wichtiger Punkt: Alles, was ich gelernt habe. Alles was ich erfahren habe.

Lernen bedeutet, dass man bewusst über Erlebtes reflektiert (nachdenkt) oder besser in der Gruppe darüber reflektiert. Es ist erwiesen, dass wir besser lernen, wenn wir darüber nachdenken. Wir müssen das, was wir lernen, auch verstanden haben.

Hinzu kommt zu jedem Erlebnis ein bestimmtes Gefühl. Unser Automatikregelkreis belohnt uns mit einem guten Gefühl oder schärft unsere Angst. Erlebnisse, welche beide Regelkreise berühren, werden am besten abgespeichert. Das Erlebnis wird mit dem Gefühl verknüpft. Wissen ist deshalb nicht, etwas erlebt zu haben, sondern die bewusste Reflektion mit Gefühl sorgt für eine dauerhafte Speicherung.

Im Laufe des Lebens haben wir alle den Eindruck, dass wir an Wissen verlieren, Dinge vergessen. Dinge, die uns nicht mehr wichtig sind, verblassen. Das Wissen darüber verschwindet aber nicht ganz. In bestimmten Situationen und bestimmten Gefühlen können wir auch auf längst Vergessenes zurückgreifen.

Glauben

Glauben heißt nichts wissen! Diesen Spruch hast du sicher schon gehört. Dieser Satz beschreibt den Glauben absolut richtig.

Wir kommen auf diese Welt und haben wenig Wissen. Wir lernen sehr schnell, dass da jemand ist, der uns ernährt, der uns anlacht und gut zu uns ist. Unser Automatiksystem wird in den ersten Jahren mit jeder Erfahrung um Verknüpfungen reifer. Es lernt, was uns gut tut und es lernt, was schlecht für uns ist.

Unser Motivationsregelkreis wächst ebenfalls. Allerdings sind die bewussten Entscheidungen einfacher. Eine Entscheidung ist: Laufen lernen. Jedes Kind hat das Ziel und die Motivation Laufen zu lernen. Stundenlang arbeiten wir im Flow an der Optimierung des Automatikregelkreises, damit wir Laufen lernen. Die um uns herum können ja schließlich auch alle Laufen. Kein Kind hat jemals nicht laufen gelernt. (Wenn es die physischen Fähigkeiten dafür hatte.)

Bei Situationen, bei denen es kein Wissen zur Entscheidungsfindung gibt, macht unser Gehirn eine Annahme oder es „glaubt", dass die Dinge so sind. Glauben gibt uns Orientierung, wenn wir kein Wissen haben.

Wir glauben viel mehr Dinge, als wir zugeben.

Beispiel: Dass ein Stein auf die Erde fällt, liegt an der Gravitation. Ich weiß das, ich kenne die Formeln und kann berechnen, wie er fliegt. Was ist aber Gravitation? Gibt es Wellen oder ist es, wie Einstein sagt, eine Krümmung im Raum. Welche Krümmung und welcher Raum? Mit meinen angeborenen Sinnen kann ich dies nicht begreifen. Die Formeln bestätigen bestimmte Theorien, machen die Wirkung begreifbar. Die Ursache bleibt aber schon im Bereich des Glaubens. Für viele Menschen unbegreifbar. Zur Vereinfachung unserer Umwelt wurden unbegreifliche Dinge früher einer höheren Macht zugeschrieben. Diese Macht hatte ein Gott oder mehrere Götter.

Zwei Dinge wurden damit erreicht:

1.) Demut. Es ist nicht alles erreichbar, was wir wollen. Wir wurden in unserer menschlichen Überheblichkeit gebremst. Wir können nicht alles wissen und wir können nicht alles erreichen.

2.) Gruppenbildung. Unser Glaube an die höhere Macht hat uns zusammengeschweißt. Entweder aus Angst oder aus Ehrfurcht oder weil wir uns mit unserem gemeinsamen Glauben die Welt erklären konnten.

Wenn wir erwachsen werden, stellt sich unser Verstand weitere Fragen wie:

- Warum sind wir überhaupt hier?
- Wie kamen Menschen in die Welt?
- Warum ist überhaupt etwas und warum ist nicht nichts?

Fragen, auf die es keine Antworten gibt. Was machen wir: Wir fangen an zu glauben. So sind die Religionen auf diese Welt gekommen. Religionen geben uns Antworten auf die Fragen, die wir glauben können.

Diese Antworten sind nicht beweisbar, sonst wären sie Wissen und nicht Glauben. Für den Glauben an die großen Existenzfragen gibt es mehrere Interpretationen und alle Religionen gehen von einer höheren Instanz aus. Dinge, die geschehen, auf die wir keinen Einfluss haben, werden so für uns begreifbar und verständlich.

Hirnforscher haben inzwischen bewiesen, dass Glaube es erst möglich macht, dass Menschen größere Gruppen als 150 Menschen bilden können.

Unser gemeinsamer Glaube macht staatliche Organisationsformen erst möglich. Hierbei muss nicht unbedingt religiöser Glaube vorausgesetzt werden.

Glauben gibt uns Antworten und Zuversicht für Dinge und Zeiten, über die wir nichts wissen!

Werte

Sie sind Grundüberzeugungen, die uns etwas bedeuten, die uns etwas wert sind.

- Alle Menschen sind gleich!
- Jeder hat das Recht auf körperliche Unversehrtheit.
- Behandle jeden Menschen so, wie du selbst behandelt werden willst.

Diese Grundüberzeugungen geben uns die Chance, auch in neuen und unbekannten Situationen die richtigen Entscheidungen zu treffen. Entscheidungen, die uns nicht schaden. Entscheidungen, die uns als Gruppe weiter bringen. Gibt es angeborene Werte? Freud bezeichnet Werte und Moral als Über-Ich, welches uns durch Erziehung beigebracht wird.

Gehen wir von einem kindlichen neuronalen Netz aus, dann ist zunächst nur der Automatikregelkreis dominant. Der Motivationsregelkreis lernt aber schnell, wer gut zu uns ist. Die körperliche Nähe zu den Eltern speichert den Zusammenhang ab: Sie sind gut zu mir, wenn sie mir nahe sind, mich streicheln und anlachen. Wenn ich lache, geht es mir und ihnen auch gut.

Wir bewerten unsere Umwelt und das Handeln der Menschen um uns herum. Ständiges Bewerten führt zu Werten. Wie beim neuronalen Netz üblich, werden die Verknüpfungen umso stärker, je häufiger sie wiederholt werden. Unser Automatikregelkreis belohnt uns mit guten Gefühlen, wenn wir nach diesen Werten handeln. Und mit unguten Gefühlen, wenn wir dagegen verstoßen.

Da liegt jetzt aber die Herausforderung. Werte müssen vorgelebt und von uns gelernt werden.

Lernen bedeutet immer: Wir müssen mit Gefühl dabei sein. Obwohl Werte zum Motivationsregelkreis gehören, belohnt uns unser Automatikregelkreis mit guten Gefühlen, wenn wir danach handeln - immer vorausgesetzt, wir haben Werte.

Werte machen das Zusammenleben größerer Gruppen erst möglich. Mit gleichem Glauben und denselben Werten gehören wir zur gleichen Gruppe. Menschen der gleichen Gruppe vertrauen wir. Wir fühlen uns beschützt.

Gerald Hüther beschreibt einen interessanten Versuch mit 6 Monate alten Kindern. (Link anschauen ab 7. Minute)

Den Kindern wird an einem Bildschirm ein gelbes Männchen gezeigt, welches angestrengt den Berg hoch geht.

In der nächsten Szene erscheint ein grünes Männchen und hilft dem gelben Männchen. Ein blaues Männchen schiebt das gelbe Männchen den Berg hinunter und versucht es zu blockieren.

Anschließend wurden allen teilnehmenden Kindern ein grünes und ein blaues Männchen zur Auswahl gegeben. Alle Kinder wählten das grüne Männchen.

Wir Menschen kommen gut auf die Welt. Wir Menschen unterstützen uns auch.

Macht man den gleichen Versuch mit 12 Monate alten Kindern, gibt es bereits 10% der Kinder, welche das blaue Männchen wählen. Diese Kinder können noch nicht sprechen. Sie haben in ihrer Umgebung die Erfahrung gemacht, dass man als blaues Männchen ebenfalls weiter kommt. Kinder schauen sich ihre Umgebung genau an und sie ziehen Schlüsse daraus. Sie bewerten.

Werte müssen gelebt werden!
Werte geben uns Orientierung in ungewissen Zeiten, damit wir unsere Würde nicht verlieren!

Das ist wie Auto fahren

Vergleichen wir unsere beiden Regelkreise im Kopf einmal mit Autofahren.

Wie wir das Auto zu bedienen haben, Gas geben, lenken, bremsen, blinken usw. weiß der Automatikregelkreis. Darüber müssen wir niemals bewusst nachdenken.

Wie wir fahren, bestimmt auch unser Gefühlsleben. Das kennt jeder, der viel im Auto unterwegs ist.

Wissen, Glaube und Werte sind die Landkarten des Lebens. Diese Karten erklären uns die Welt. Auch Gegenden, in denen wir noch niemals waren, können wir mit diesen Karten erreichen. Und wir finden uns im fremden Territorium zurecht. Neugier, Entwicklung, Angst und das Streben nach Glück weisen uns die Richtung, in die wir fahren wollen.

Alle menschliche Entwicklung hat ihre Ursache im Motivationsregelkreis. Er schaut voraus und macht sich Gedanken über Veränderung. Durch ihn ergeben sich erst irgendwelche Optionen.

Der Automatikregelkreis sichert unser Überleben!

Wie beim Autofahren finden wir unser Ziel nur, wenn wir in die Ferne schauen. Wir müssen unser Ziel sehen, wenigstens vor unserem geistigen Auge (Also in unserer Vorstellung).

Niemand ist jemals ans Ziel gekommen, indem er vor sich auf den Boden geschaut hat. Wenn wir wissen, wo das Ziel liegt, können wir auch an einer unbekannten Kreuzung den richtigen Weg wählen.

Heute sind aber viele von uns unterwegs, abgelenkt durch Dinge, die nichts mit der Zielfindung zu tun haben. Wir sind zwar unterwegs, aber erreichen nie unser Ziel.

Automatikregelkreis   **Motivationsregelkreis**

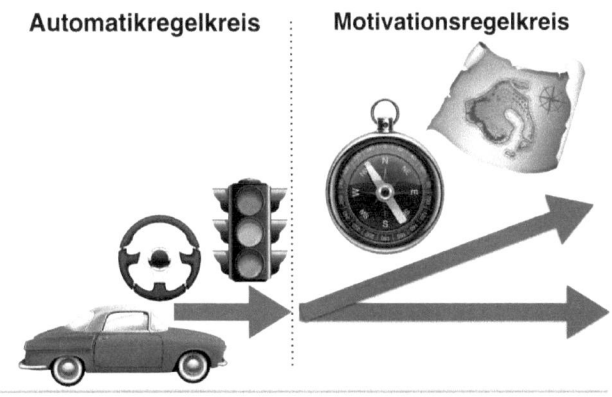

Bild 5 – Unsere Regelkreise am Beispiel Autofahren

1.5. Was ist Lernen und wie funktioniert es?

Lernen, ohne zu denken, ist eitel; denken, ohne zu lernen, gefährlich. (Konfuzius)

- - - - - - -

Lernen ist das Verändern unserer Synapsen. Sie werden dabei neu verschaltet und die Bewertungen angepasst. Je mehr Reize hinzu kommen, umso mehr Veränderung gibt es. „Use it or loose it" beschreibt die Tatsache, dass wir unser Gehirn benutzen müssen oder wir verlieren es. Wie ein Muskel führt starkes Training zu besseren Verknüpfungen.

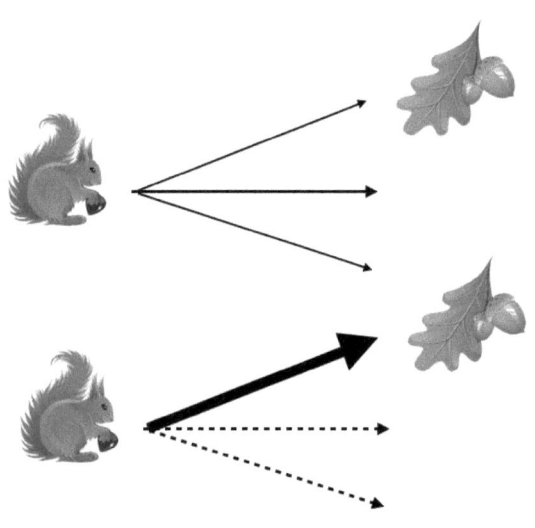

Bild 6 – Ein Eichhörnchen lernt den richtigen Weg

Schauen wir uns das Eichhörnchen in unserem Bild an. Stellen wir uns vor, es liegt Schnee und das Eichhörnchen sucht seinen Weg. Nur ein Weg führt zur Nahrung. Das Eichhörnchen geht zunächst alle Wege. Da aber nur ein Weg der richtige ist und das Eichhörnchen diesen Weg immer wieder geht, wird die Spur im Schnee immer dicker. So ähnlich müssen wir uns den Lernprozess in unseren Synapsen vorstellen. Der richtige Weg wird immer dicker. Unser Gehirn ist eine Lernmaschine. Es kann gar nicht anders als lernen. Ohne Lernen gibt es keine Adaption an die Welt. Unser Automatikregelkreis lernt dabei durch ständiges Üben und der Motivationsregelkreis über Reflektion: Bewusstes Nachdenken über Erlebtes erweitert das Wissen. Diese Adaption sichert unsere Anpassung an veränderte Umgebungsbedingungen und für unsere Entwicklung.

Inzwischen sind die Forscher überzeugt, dass Lernen bis ins hohe Alter möglich ist. Wir brauchen nur Begeisterung für etwas. Bei unserem Eichhörnchen liefert diese Begeisterung das leckere Essen.

Der Automatikregelkreis lernt dabei nur durch Üben. Sport, Musizieren und andere Fertigkeiten können wir nur durch ständiges Üben verbessern. Nur so werden die „Spuren im Schnee" immer dicker.

Wer eine Sache 10.000 Stunden übt, kann darin Weltklasse werden. Wer 10.000 Stunden Gitarre gespielt hat, ist wirklich gut. Es geht nicht ohne Übung.

Beim Motivationsregelkreis kommt der Faktor Wissen hinzu. Wissen kann ich mir anlesen. Ich kann also ohne Übung Dinge lernen.

1.6 Das Marshmallow-Experiment

Nicht das Beginnen wird belohnt, sondern einzig und allein das Durchhalten.

(Katharina von Siena)

— — — — — — —

Zwischen 1968 und 1974 führte der Psychologe Walter Mischel an der Stanford University eine Versuchsreihe durch, die als *Marshmallow-Experiment* in die Geschichte einging.

Er machte diesen Versuch mit Kindern zwischen 4 und 6 Jahren. Er setzte sie an einen Tisch und sagte den Kindern, dass sie entweder sofort einen Marshmallow bekommen könnten oder nach einer Wartezeit einen zweiten Marshmallow bekämen. Die Wartezeit legte Michel letztlich auf 20 Minuten fest. Einige Kinder griffen direkt zu, andere versuchten verschiedene Strategien, um ihren Drang zum Marshmallow unter Kontrolle zu halten.

Jahre später untersuchte Mischel die nun erwachsenen Kinder nochmals. Das Ergebnis war verblüffend. Alle Kinder, die in der Jugend auf die Belohnung warten konnten, waren besser in der Schule, hatten weniger Probleme mit Drogen und waren sozial besser integriert. Belohnungsaufschub scheint eine Eigenschaft zu sein, die sich nicht mehr verändert, aber entscheidenden Einfluss auf unser Leben hat.

Für mich ist dies ein Zeichen, dass es Menschen gibt, bei denen der Automatikregelkreis dominiert und andere, bei denen der Motivationsregelkreis die Herrschaft behält.

Da der Motivationsregelkreis für langfristige Ziele verantwortlich ist, entwickeln sich diese Menschen einfach besser.

Die heutigen kurzfristigen Ziele, denen wir in Wirtschaft und Politik nacheifern, favorisieren diejenigen, die den Marshmallow sofort essen. Wenn der Test übertragbar ist, bedeutet dies: Wir haben in Zukunft mehr Probleme mit Drogen, sind schlechter beim Lernen und bleiben insgesamt unter unseren Möglichkeiten und unzufrieden.

Langfristige Ziele / kurzfristige Ziele.

Auch hier liegt die Ausrichtung in unseren beiden Regelkreisen. Der Automatikregelkreis sichert unser Überleben und ist für die kurzfristigen Ziele da. Er belohnt uns mit guten Gefühlen. Deshalb überleben wir in dieser Welt. Er bestimmt wie wir sind!

Der Motivationsregelkreis sucht langfristige Entwicklung. Die Zielerreichung eines Motivationszieles führt ebenfalls zu guten Gefühlen, aber auch zu dem, was wir Glück nennen.

Wir haben etwas erreicht. Wir haben uns entwickelt und Menschen sind stolz auf uns (Serotonin) oder wir feiern uns (Dopamin). Der Motivationsregelkreis bestimmt, wer wir werden!

Welcher der beiden Regelkreise dominiert, hängt wesentlich von dem ab, was unser Gehirn gelernt bzw. erfahren hat.

Wir werden das, was wir erfahren haben! Es sei denn, wir machen uns bewusst Gedanken und setzen uns Ziele. Dann entwickeln wir uns. Große Menschen hatten immer auch große Ziele. Mit Quartalszielen ist noch niemand ein großer Mensch geworden.

Was uns am Ende unseres Lebens einzigartig macht, sind die Ziele, die viel Zeit und Energie gebraucht haben. Je größer die Anstrengung, desto wichtiger ist uns das Erreichte.

1.7 Pawlowsche Hunde

Meine Konditionierung besteht darin, häufig das Gleiche zu wählen, nicht darin, keine andere Wahl zu haben, das sind zwei sehr verschiedene Dinge. (Jorge Bucay)

- - - - - - -

Der russische Forscher *Pawlow* machte 1965 einen interessanten Versuch mit Hunden. Es ging um die Frage der Konditionierung.

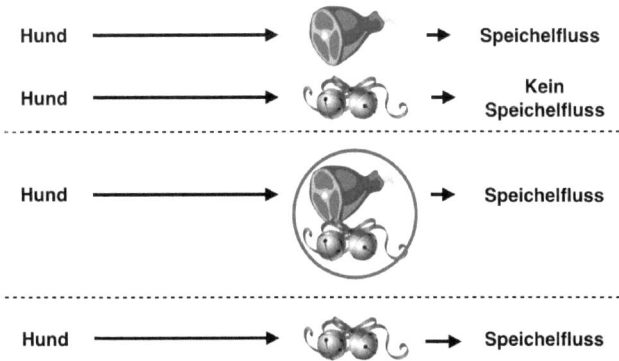

Bild 7 – Pawlowsche Hunde – Das Gehirn vereinfacht den Zusammenhang

Die Fütterung eines Hundes hatte Speichelfluss zur Folge. Das Läuten einer Glocke nicht. Kombiniert man jetzt die Glocke mit der Fütterung, so speichert das Gehirn des Hundes nach einigen Fütterungen den Zusammenhang

Füttern = Glocke = Speichelfluss.

Da das Gehirn eine Verknüpfungsmaschine ist, reicht nach einer Weile auch die Glocke alleine schon aus, um den Speichelfluss zu auszulösen.
Das Gehirn vereinfacht den Zusammenhang auf

Glocke = Speichelfluss

Es erfolgt also zunächst ein Lernen im Automatikregelkreis und danach wird die Eingangsverknüpfung auch noch reduziert. Es wird vereinfacht. Gehirne funktionieren so. „What fires together wires together".
Dieses Phänomen ist auch bei uns Menschen zu beobachten. Man nennt dies Konditionierung. Dieser Automatismus erleichtert uns das tägliche Leben. Wir sind damit in der Lage, auch mit Teilinformationen umzugehen und wir sind schneller als beim Nachdenken (Motivationsregelkreis). Die Gefahr ist aber, dass wir die Dinge vereinfachen und nicht richtig sehen, weil wir sie so sehen, wie wir sie schon mehrmals gesehen haben. Wir sehen die neuen Sachen nicht, weil wir konditioniert sind. Wir übersehen teilweise Dinge, weil uns die Konditionierung vorgaukelt, dass die Wirklichkeit so ist, wie ich sie sehen will.

1.8 Optimierung auf eine Sache

Multitasking ist keine Kunst, sondern die Unfähigkeit, sich zu organisieren. (Martin Geiger)

— — — — — — —

Unser Verstand ist eine Ein-Ding-Denkmaschine. Trotz aller Ansätze und Theorien können wir uns nur auf eine Sache konzentrieren. Wir können unsere Aufmerksamkeit und unser Denken nicht teilen und nicht mehreren Dingen zuweisen; nur nacheinander!
Es gibt kein *Multitasking!*
Untersuchungen zum Multitasking haben folgendes ergeben:

Werden Menschen mit Telefonaten und Mails bombardiert, verringert sich der IQ um 10 Punkte! Dies wurde von der University of London bewiesen.
Nach jeder Unterbrechung kann es bis zu 20 Minuten dauern, bis wir uns wieder voll auf unsere Aufgabe konzentrieren können. Dies wurde an der University of California, Irvine, festgestellt.
Die Produktivität der Person sinkt um 40% und es erhöht sich der Stress. Wenn jetzt mehrere Dinge vernetzt interagieren, wird es doppelt schwer. Dafür sind wir nur bedingt geeignet. Viele Menschen können hier gar keinen kausalen Zusammenhang mehr feststellen.
Hinzu kommt, dass die normale Wahrnehmung mit starken Vereinfachungen arbeitet (Konditionierung). Wenn es drei Gefahren gibt , die unser Leben bedrohen, dann filtert der Wahrnehmungsfilter die heraus, die am gefährlichsten ist. Wenn der Zusammenhang weit in der

Zukunft liegt, wird es noch schwerer. Wir sehen hier keinen kausalen Zusammenhang.

Bewusste Reflektion über unsere Situation, unsere Gefahrenlage und wo wir denn hinwollen, ist aufwendig und mühsam.

In einer Welt, wo es um das tägliche Überleben geht, reicht dieses Betriebssystem aus. Man erkennt sofort die größte Gefahr und kann dieser entfliehen. Unser Problem ist, dass dieses Betriebssystem nie ein Update erhalten hat.

In unserer heutigen Welt voller Menschen, die den letzten Winkel der Erde besiedelt haben, die Tier und Natur zurückdrängen und mit ihrem Handeln stark in das Gleichgewicht dieses Planeten eingreifen, reicht dieses Betriebssystem nicht mehr aus. Es könnte sogar gefährlich sein.

Viele Dinge um uns herum lenken unsere Aufmerksamkeit ab. Die Mail, die gerade ankommt, die Facebook Nachricht, die Freunde auf WhatsApp. Wir sind ständig abgelenkt und nicht mehr konzentriert. Wir erfassen so aber nur noch die einfachen Zusammenhänge.

Ein Beispiel:

Die globale Erwärmung dieses Planeten ist messbare Realität. Man braucht hierzu nur die Thermometer abzulesen und die Werte über einen längeren Zeitraum zu notieren. Ob wir jetzt dafür verantwortlich sind oder etwas anderes, ist für jeden Menschen eine Frage des Glaubens (Wir erinnern uns, glauben heißt nichts wissen). Es ist schwer hier die Zusammenhänge zu wissen, da hier große Zeitkonstanten und vernetzte Systeme am

Wirken sind. Nur komplexe Computerprogramme können diese Dinge simulieren.

Für mich als Einzelnen ist dieser Zusammenhang aber eine nicht veränderbare Welt. Wenn ich mir das Ziel setze, die Klimaveränderung zu bekämpfen, ist das so wie der Vorsatz: ich möchte mal abnehmen. Das, was ich tue, hat scheinbar keinen Einfluss auf die Welt. Ich kann den Vorgang nicht automatisieren. Die Zeitkonstante der Veränderung ist für einen Menschen zu groß.

Dieses Problem ist eine Glaubensfrage oder eine Frage des Wissens. Mit dem Wissen ist es so eine Sache. Es zu verbreiten, ist ein aufwändiges Verfahren. Es steht schon in der Bibel: Das Licht ist für alle Augen, aber nicht alle Augen sind für das Licht.

Glauben vereinfacht die Zusammenhänge. Ich kann daran glauben, dass die Klimaveränderung von uns Menschen ausgelöst wird. Dann müssen wir diesen Glauben verbreiten. Wie bereits erwähnt: nur mit Glauben können mehr als 150 Menschen etwas Gemeinsames erreichen. Und für die Klimaveränderung brauchen wir mehr als 150 Menschen. Niemand kann die Zusammenhänge erfassen und logische Schlüsse ziehen.

Die Beweise hierfür dauern Jahre. Deshalb passt unser Betriebssystem nicht zu dieser Herausforderung.

Wir werden hier die Katastrophen nicht verhindern können. Die Klimaveränderung bedroht unser Leben, da wir so zahlreich sind, dass wir nirgendwo mehr hin können. Da ist überall schon jemand. Wir sind einfach zu erfolgreich gewesen.

1.9 Rationales Handeln und Entscheiden

Wer als Werkzeug nur einen Hammer hat, sieht in jedem Problem einen Nagel

(Paul Watzlawick)

- - - - - - -

Wir Menschen bauen uns unsere Wirklichkeit selbst. Jede Ähnlichkeit mit der Realität ist nicht zufällig, sondern erfahrungsbedingt. Andere Erfahrungen, andere Wirklichkeiten.

Der Automatikregelkreis liefert uns auf jedes Eingangssignal eine Erwartungshaltung und unsere Wirklichkeit wird an unserem Wissen gespiegelt. Wir suchen eine Lösungsmöglichkeit für die aktuelle Frage, das aktuelle Problem. Dabei greifen wir immer auf Dinge zurück, die wir kennen. Haben wir unsere Probleme immer schon mit dem Hammer gelöst, so muss dies doch auch weiter funktionieren.

Je häufiger etwas funktioniert, umso wahrscheinlicher speichern wir diese „Gesetzmäßigkeit" ab. Es kann aber sein, dass dies keine Gesetzmäßigkeit, sondern nur eine hohe Wahrscheinlichkeit einer bestimmten Wirklichkeit ist.

Wenn die Realität nicht mehr zu unserer Wirklichkeit passt, hilft uns nur Neugier, Angst, Verzweiflung oder Wut. Andere Optionen haben wir nicht.

Die meisten Menschen reagieren gestresst und verängstigt, wenn die Realität anders ist als unsere Wirklichkeit. Wir stellen Gesetzmäßigkeiten auf, wo gar keine sind, wir behaupten Dinge, die so nicht sind und wir haben

Angst davor, dass die Realität nicht so ist wie unsere Wirklichkeit.

Unser Gehirn stellt Verknüpfungen her zwischen Dingen, die gemeinsam passieren. „What fires together, wires together".

Diese Verknüpfungsmaschine lernt ihre eigenen Gesetze. Wir können hier natürlich mit unserem Verstand eingreifen, aber das ist schwierig und kostet Energie und Zeit. Den Hammer nehmen ist meistens einfacher.

Diese erfahrungsbedingte Wirklichkeit haben wir seit unserer frühesten Jugend trainiert. Was wir hier erfahren haben „gräbt" sich tief als Spuren in unser Gehirn ein. Es wird konditioniert und als Erwartung abgespeichert. Man könnte auch sagen: es wird in den Automatikregelkreis implementiert.

Damit wiederholen wir immer wieder die gleichen Handlungen, nehmen immer wieder den Hammer.

Wenn wir uns verändern wollen, weiter kommen wollen, müssen wir über unsere Handlungen nachdenken, den Motivationsregelkreis aktivieren. Das unterscheidet uns dann vom Tier.

1.10 Die Geschichte muss weitergehen.

Jeder Mensch erfindet sich früher oder später eine Geschichte, die er für sein Leben hält.

(Max Frisch)

- - - - - - -

Das neuronale Netz in unserem Kopf hat sowohl eine Vorwärtsrichtung als auch eine Rückwärtsrichtung. Aber das ist noch nicht alles. Es hat auch eine Abklingfunktion. Bereiche die aktiviert, also erregt waren, klingen nach. Dies bedeutet: Es dauert eine Zeit, bis sie nicht mehr aktiv sind.

Diese Eigenschaft führt zu einem Effekt, den man *Priming* nennt.

Unser Gehirn kann nämlich nicht nicht verknüpfen. Immer werden Dinge verknüpft. Ist eine Verknüpfung aktiviert und die Neuronen feuern, dann bahnen sich die Signale ihren Weg.

Diesen Weg geht unser Gehirn weiter.

Steven Palmer zeigte 1975 seinen Versuchspersonen sehr kurz das Bild eines Objektes (zum Beispiel einen Brotlaib, einen Briefkasten oder eine Trommel), das sie in 40 % der Fälle korrekt identifizierten. Sahen sie jedoch zuvor das Bild einer Küche, stieg die korrekte Identifizierung des Brotlaibes auf 80 %, jedoch nicht von Objekten, die nicht in ein Küchenbild passten. Da die Küche unsere Gehirnbereiche für diesen Raum aktiviert, sind die Bahnen für die Erkennung des Brotlaibes „gespurt".

Menschen, die sich eine Weile über das Alter unterhalten haben, gehen anschließend langsamer als Menschen einer Kontrollgruppe. Mit der Geschichte, mit der wir uns befassen, aktiv oder passiv, versucht unser Gehirn weiter zu machen.

In der Realität gehen die Geschichten ja auch weiter und hören nicht plötzlich auf.

In der Werbung nutzt man diesen Effekt aus, um uns unbewusst zu manipulieren.

Damit haben wir eine Methode, mit der wir unsere nächsten Gefühle und Wirklichkeiten beeinflussen können. Spätestens jetzt glaubst auch du nicht mehr an eine objektive Wirklichkeit, oder?

1.11 Was uns wirklich groß macht

Nicht was sich an uns und für uns ereignet, sondern was sich zugleich in uns ereignet, bestimmt über unser Dasein. (Albert Schweitzer)

– – – – – – –

Wenn wir mit Freunden zusammen sind und über alte Zeiten reden, was sind dann die Ereignisse, über die wir erzählen? Auf welche Ereignisse sind wir stolz?
Nicht die tägliche Arbeit, nicht die kleinen Erfolge, nein, die großen schweren Projekte in unserem Leben machen uns einzigartig; Projekte, bei denen wir mit allen unseren Gefühlen dabei waren; Schwierigkeiten, die uns richtig gefordert haben. Was täglich passiert, ist zwar wichtig für den Tag und manche kleinen Ereignisse erfreuen uns, aber am nächsten Tag können wir uns schon kaum mehr daran erinnern.

Setze dich mal am Sonntag hin und stelle dir die Frage: Was habe ich letzte Woche Außergewöhnliches erreicht? Ich mache dies nun seit einigen Monaten und muss sagen, in manchen Wochen fällt mir nichts ein. Ich habe täglich gearbeitet, sogar viel gearbeitet, aber ich kann diese Frage nur schwer beantworten.
Die großen Ereignisse beschäftigen sowohl unseren Automatikregelkreis als auch den Motivationsregelkreis. Nur dann erinnern wir uns im Schaukelstuhl daran, nur dann sind wir stolz darauf. Dies bedeutet aber, dass wir unseren Motivationsregelkreis einsetzen müssen. Wir müssen uns Gedanken machen, Ziele verfolgen und mit all unserer Neugier dabei sein. Wer nur täglich Befriedi-

gung sucht, triggert seinen Automatikregelkreis so lange, bis er die notwendige Hormonausschüttung bekommt. Aber wirklich große Dinge erreichen wir nicht.

Wenn wir dann etwas erreicht haben, das wir mit aller Leidenschaft verfolgt haben, dann betreten wir die nächste Stufe in unserem Leben.

Je schwieriger hierbei der Weg zum Ziel war, umso größer ist das Glücksgefühl und die bleibende Erinnerung an dieses Ereignis.

Unser doppeltes Steuerungssystem hat einen großen Vorteil. Es gibt zu jeder Entscheidung, bewusst oder unbewusst, die Möglichkeit eine zweite Meinung einzuholen. Die erste Meinung orientiert sich an unserem bisherigen Leben, unseren Erfahrungen und Gefühlen. Die zweite Meinung orientiert sich an Fakten,Wissen, Glauben und Werten.

Wir haben eine Regelung mit Vorsteuerung, wie wir Techniker sagen würden. Probleme bereitet diese Konstellation, wenn wir alles erreicht haben: Essen und Waren im Überfluss und Sicherheit für unsere Person.

Ein CEO hat mehr Geld als er jemals brauchen wird. Er kann sich alles kaufen, was er will. Ihm bleibt nur die Dopaminausschüttung. Veränderbare Welten kann er nur schwer erreichen, denn er ist auch ein Gefangener dieses Systems. Immer mehr, immer mehr.

1.12. Der Kreisel lässt keine Änderung zu

Alle Revolutionen haben bisher nur eines bewiesen,

nämlich, dass sich vieles ändern lässt, bloß nicht die

Menschen. (Karl Marx)

- - - - - - -

Richtungsänderungen in unserem Leben sind immer mit großem Energieaufwand verbunden. Hierzu bedarf es einer großen Kraft.

Oft haben wir gute Vorsätze, besonders an Silvester, aber wir scheitern daran. Warum ist das so?

Dass wir uns im Alltag zurechtfinden, darauf optimiert sich unser Automatikregelkreis. Ohne über unsere Handlungen nachzudenken, lässt er uns automatisch Dinge tun, die wir schon immer so getan haben, auf die wir konditioniert sind. Er ist hier wie ein Kreisel.

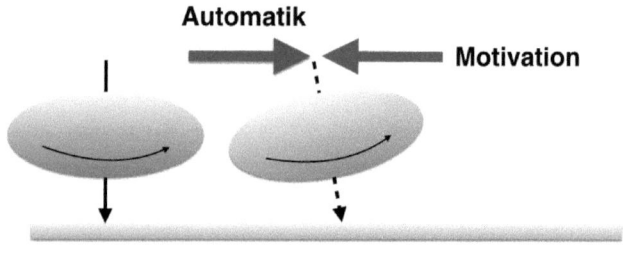

Bild 8 – Kreisel und äußere Kraft

Ein rotierender Kreisel kann nur von einer äußeren Kraft aus seiner Richtung gezwungen werden. Entfällt diese äußere Kraft, kehrt der Kreisel in seine Ausgangslage zurück. Das ist ein Gesetz der Physik.

Der Kreisel ist unser Automatikregelkreis. Die äußere Kraft muss aus dem Motivationsregelkreis kommen. Das ist unser Wille, unsere Neugier und unsere Motivation. Nun ist die Kraft, welche der Motivationsregelkreis aufbringen kann, sehr gering gegenüber der Beharrungskraft des Kreisels. Deshalb dauert es sehr, sehr lange und man braucht Beharrlichkeit, um die Richtung des Kreisels zu ändern.

Die Motivation lässt hierbei im Laufe der Zeit nach, wenn keine Erfolge errungen werden. Entweder Dopamin, Serotonin oder Oxytocin müssen freigesetzt werden, wenn wir auf dem Weg der Veränderung weiter gehen wollen. Werden wir nicht belohnt auf unserem Weg, dann verlassen wir den Weg und der Automatikregelkreis regiert wieder.

Entweder wir motivieren uns selbst (Dopamin) oder die anderen motivieren uns durch Anerkennung (Serotonin) oder Nähe (Oxytocin).

Große Ziele, große veränderbare Welten haben eine große Motivation, eine große Kraft auf den Kreisel. Um aber dessen Richtung dauerhaft zu ändern, brauchen wir Beharrlichkeit und die ist ohne Belohnung nicht durchzuhalten.

Das ist der Grund, warum wir die ganz großen Ziele in kleine Schritte aufteilen müssen und wir jeden gegangenen Schritt mit einer Belohnung feiern müssen. Oder mit Zuspruch von Menschen, die wir lieben.

Zusammenfassung - Kapitel 1

Damit haben wir das erste Kapitel vollendet. Wir haben erfahren, wie wir Menschen als Individuum funktionieren. Wir wissen jetzt:

- Wir besitzen zwei Regelkreise in unserem Kopf und für unser Handeln. Ob wir sie beide einsetzen, liegt an uns.

- Der Automatikregelkreis entscheidet darüber, wie wir sind und der Motivationsregelkreis darüber, wie wir werden und ob wir etwas werden.

- Beide Regelkreise teilen sich kurzfristige und langfristige Ziele und Entscheidungen. Wir haben also die Möglichkeit einer zweiten Meinung zu einem Ereignis, müssen dies aber bewusst tun.

- Gefühle sind wirksame Unterstützer in unserem täglichen Leben. Sie helfen uns bei der Erreichung unserer Ziele und auf dem Weg zum Glück. Ohne Belohnung kommen wir nicht voran.

- Wir vereinfachen die Zusammenhänge der Welt um uns herum und arbeiten mit Wirklichkeiten, in denen die aktuellen Abläufe fortgesetzt werden.

- Ähnlichkeiten mit der Realität sind wahrscheinlich, aber nicht zwingend. Wir sind nicht vollkommen, aber wir sind in unserer bisherigen Geschichte ungemein erfolgreich. Erfolgreicher, als jede andere Spezies auf diesem Planeten.

2 : Das Ich und das Wir

2.1 Der Mensch als soziales Wesen

Der Mensch für sich allein vermag gar wenig und ist ein verlassener Robinson; nur in der Gemeinschaft mit den andern ist und vermag er viel. (Arthur Schopenhauer)

- - - - - - -

Niemand lebt für sich alleine. Wir Menschen sind langsamer als viele Tiere, schwächer als viele Tiere und auch sonst unseren möglichen Feinden unterlegen. Trotzdem hat sich der Mensch als Wesen auf dieser Welt durchgesetzt. Bis in den letzten Winkel dieses Planeten sind wir vorgedrungen, haben die Welt verändert und sind so erfolgreich, dass wir viele unserer natürlichen Feinde an den Rand der Ausrottung gebracht haben.

Wie konnte dies geschehen?

Die ältesten Funde von Menschen sind 160.000 Jahre alt. Von Äthiopien breitete sich der Mensch aus. Wir sind also alle Afrikaner. Es wird angenommen, dass der Mensch vor ca. 35.000 Jahren die Sprache entwickelt hat. Sprache ist Teil unseres Verstandes, unseres Motivationsregelkreises. Das Gehirn entwickelte sich immer weiter. Der Mensch entwickelt Visionen und alternative Wirklichkeiten. Er kann über seine Umwelt nachdenken und diese verändern. Mit der Sprache konnte er sich in der Gruppe verständigen, koordinieren und so sich entwickeln und verbessern. Da jeder Mensch seine eigene

Wirklichkeit hat, entstehen in einer Gruppe viele unterschiedliche, veränderbare Welten.

Die Gruppe sicherte das Überleben ihrer Mitglieder. Dies machte uns Menschen so erfolgreich. Soziales Zusammenleben wurde kultiviert. Gemeinsamer Glaube und gemeinsame Werte entwickelten sich. Wissen wurde auch per Sprache und Schrift weitergegeben. Die nachfolgende Generation musste nicht von vorne beginnen. Entwicklung und sozialer Zusammenhalt haben uns stark gemacht.

Der Motivationsregelkreis hat dafür gesorgt, dass unser Leben heute anders aussieht als vor 35.000 Jahren.

Auch viele Tiere gab es schon vor 35.000 Jahren. Tiere leben noch genauso wie damals. Wir Menschen nicht. Wir sind als soziale Gruppe erfolgreicher als alle anderen Lebewesen auf diesem Planeten. Ständig mussten wir uns gegen alle möglichen Gefahren behaupten; gemeinsam in der Gruppe. Heute haben die Gefahren von außen abgenommen. Nur noch wenige Menschen sterben jährlich durch unsere natürlichen Feinde. Hunger ist in der entwickelten Welt kein Thema mehr.

Nach einer Studie des Bundeswirtschaftsministeriums für Ernährung, Landwirtschaft und Verbraucherschutz werden in Deutschland jährlich 11 Millionen Tonnen Lebensmittel weggeworfen. Wir haben nicht zu wenig Lebensmittel, sondern zuviel. Und wir haben auf unserer Welt eine falsche Verteilung. Deshalb hungern immer noch Menschen.

Die einzige äußere Bedrohung sind wir selbst. Was macht uns als Gruppe so erfolgreich?

2.2 Wie Menschen kommunizieren

Kommunikation ist viel mehr als zwei klappernde Gebisse. (Frank Dommenz)

Jeder von uns wird mehr oder weniger durch den Automatikregelkreis oder den Motivationsregelkreis gesteuert. Die Grenzen und Übergänge sind hier fließend. Täglich gibt es Dinge, die geschehen, auf die ich automatisch reagiere und es gibt Dinge, die ich wahr nehme durch meine Motivation und Neugier. Diese Dinge können dann bewusst beeinflusst werden.

Bewusste Dinge, die ich nicht beeinflussen kann, machen mich traurig oder aggressiv.

Jeder Mensch hat seine Wirklichkeit und seinen Bereich, den er verändern kann. Oder besser, von dem er glaubt, dass er ihn verändern kann. Sobald wir unsere Wirklichkeit als veränderbar wahrnehmen, sind wir motiviert. Der Glaube oder die Gewissheit möglicher Veränderung motiviert uns zum Handeln und zur Entwicklung. Schränkt jemand oder irgendetwas die Veränderbarkeit unserer Wirklichkeit ein, dann reagieren wir mit Wut und Widerstand oder mit Frustration.

Treffen zwei Menschen aufeinander, so begegnen sich zwei Wirklichkeiten. Jeder bringt seine Geschichte und Erfahrungen mit. Dem können wir nicht entfliehen.

Zu jedem Mensch haben wir immer eine erste Reaktion. Diese ist durch unseren Automatikregelkreis bestimmt. Je nach Erfahrung sehen wir, was wir kennen und fühlen, was wir erwarten. Ich bezeichne diese Reaktion als die Erwartungsfalle.

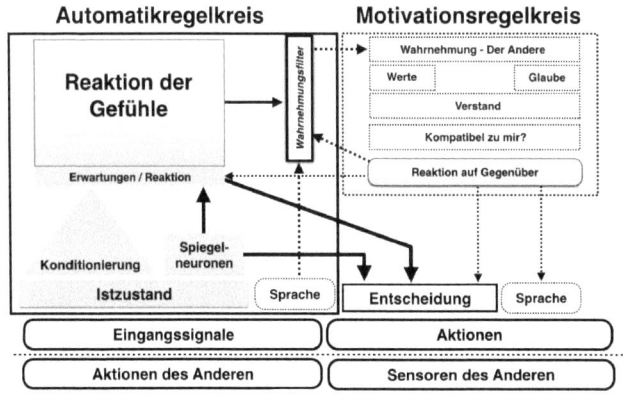

Bild 9 - Wie Menschen wechselwirken

Da sind wir nicht anders als die Pawlowschen Hunde. Wir sind konditioniert.

Wenn wir mit rothaarigen Menschen negative Erfahrungen gemacht haben, werden wir rothaarigen Menschen keine positiven Reaktionen entgegen bringen. Das mag ungerecht sein, hat aber das Überleben sicher gestellt. (Wir haben den Säbelzahntiger erkannt, auch wenn wir ihn nicht ganz gesehen haben und sind geflohen. Da die anderen „gefressen wurden", hat sich deren Erbinformation nicht durchgesetzt).

Die erste Reaktion ist die konditionierte Erfahrung. Unmittelbar darauf reagieren wir auf die Körpersprache. Welche Gefühle lösen die Spiegelneuronen bei mir aus? Erst danach wird die Sprache ausgewertet. Sprachliche Kommunikation ist relativ unbedeutend. Es gibt Untersuchungen, dass bei einer Präsentation die Wahrnehmung der Zuhörer wie folgt aussieht:

55 % macht die Ausstrahlung des Redners aus
38 % seine Stimme und nur
7% der Sprachinhalt
(Albert Mehrabian)

Die Ausstrahlung ist die Körpersprache. Die nonverbale Kommunikation von deinem Modell von Welt mit meinem Modell von Welt. Auf dem sprachlichen Kommunikationskanal wird geklärt, ob wir ähnliche Werte und Glaube haben. Ist dies der Fall, sind wir mehr oder weniger kompatibel mit unseren beiden Regelkreisen.
Wie in der Physik geht dabei der Einfluss nicht nur vom Sender zum Empfänger, sondern auch wieder zurück. Deshalb ist es so wichtig, dass Menschen miteinander reden; Auge in Auge, weil Kommunikation über Sprache nur 7% der Information transportiert.
Unsere modernen Kommunikationsmittel, Mails und Chat, reduzieren Kommunikation auf Sprache. Sprache kann Gefühle nur bedingt transportieren. Durch das Einbringen von Smileys versucht man hier die Gefühle des Senders transparenter zu machen. Aber die Wirkung einer sprachlichen Nachricht hängt von der Decodierung des Empfängers ab. Es gibt keine Wechselwirkung. Es gibt kein Gefühl, keine Empathie, keine Begeisterung, nichts.
Das ist auch der Grund, weshalb im Büro die Menschen immer wieder die Frage stellen: Hast du die Mail nicht gelesen? Natürlich habe ich sie gelesen. Vielleicht habe ich sie nicht verstanden. Vielleicht war sie in meiner Wirklichkeit nicht wichtig, vielleicht, vielleicht.
Wer etwas Wichtiges zu sagen hat, wer will, dass Menschen für etwas brennen, muss mit den Menschen per-

sönlich reden. Der darf nicht eine Mail verteilen, in der man mit Hyperlinks auf die wirklich wichtigen Aussagen geführt wird.

Wir müssen den Menschen in die Augen schauen, es gibt nämlich noch das wichtige Wechselwirkungsgesetz.

2.3 Das Wechselwirkungsgesetz

Die Wechselwirkung lenkt das Leben; dem Kreislauf ist die Welt bestimmt. Man nimmt uns so, wie wir uns geben; wir geben uns, wie man uns nimmt.

(Gustav Wolff)

- - - - - - -

1687 erschien Newtons Buch „Mathematische Prinzipien der Naturphilosophie".

Darin beschrieb Newton die Kräfte der Natur. Sein drittes Gesetz besagt, dass Kräfte immer paarweise auftreten. Jede Kraft hat eine entsprechende Gegenkraft zur Folge. Man bezeichnet dieses Gesetz auch als Wechselwirkungsgesetz.

Für uns Menschen gibt es dieses Wechselwirkungsgesetz auch.

Schon Paul Watzlawik hat den Satz geprägt: Man kann nicht nicht kommunizieren. Wir kommunizieren also immer.

Unsere Spiegelneuronen beweisen, dass sowohl die Signale vom Gehirn zum Gesicht gehen, aber auch der umgekehrte Weg möglich ist. Wenn wir bewusst lachen, geht es uns nach einer Weile besser und wenn es uns gut geht, dann lachen wir. Es funktioniert also in beide Richtungen. Die Verstärkung der Neuronen ist zwar in beide Richtungen etwas unterschiedlich, aber der Vorgang ist reversibel. Wie bei einem Gummiband, bei dem es ja auch egal ist, an welcher Seite man zieht.

Beispiel: Es stehen sich zwei Menschen gegenüber. Der eine Mensch, ich bezeichne ihn als Sender, fühlt sich gut und lächelt den zweiten Menschen, den Empfänger, an.

Der Empfänger nimmt das Lächeln war, und seine Spiegelneuronen lassen auch ihn lächeln.

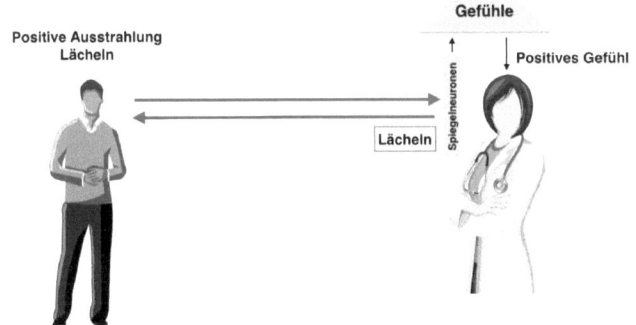

Wir bekommen das zurück, was wir abgeben!

Bild 10 – Wechselwirkungsgesetz

Ohne dass der Empfänger bewusst darüber nachdenkt, fängt er an zu lächeln. Es gibt auch Menschen, die nicht zurück lächeln, aber das sind nur sehr wenige.

Dieses Lächeln, unbewusst ausgelöst, hat aber rückwärts eine Reaktion der Gefühle zur Folge. Mit einigen Sekunden Verzögerung bekommt der Empfänger ein positives Gefühl. Diese Stimmung überträgt sich wiederum auf den Sender und es kommt zu einem Rückkoppelungseffekt. Es ist nämlich so, dass auch der Sender mit Spiegelneuronen ausgestattet ist und deshalb noch mehr lächelt, wenn der Empfänger zurücklächelt.

Wenn wir Menschen uns nah sind, übertragen wir unsere Gefühlslage aufeinander oder um Newton zu zitieren: Actio est reactio!

Alles ist Wechselwirkung. Dies funktioniert leider nicht nur mit positiver Stimmung. Kommt ein Sender in den Raum mit negativer Stimmung, dann überträgt sich diese Stimmung auf die Empfänger im Raum. Und diese Empfänger bekommen dann auch eine negative Stimmung. Diese senden sie zum Sender zurück, weshalb sich dessen Stimmung weiter verschlechtert bzw. mindestens schlecht bleibt.

Bedeutet das nicht in der Schlussfolgerung, dass wir für das, was wir bekommen, nicht selbst verantwortlich sind?

Die Philosophen haben das schon lange gewusst. Ist unsere Umwelt nur ein Spiegel unserer Sendesignale?

Ist das der Grund, warum manche Menschen immer Glück haben und andere nicht?

Der Volksmund hat dafür das Sprichwort: Wie man in den Wald reinruft, so schallt es zurück.

Das Wechselwirkungsgesetz ist eines der wichtigsten Gesetze überhaupt. Man kann es täglich beobachten. In den letzten Jahren probiere ich diese Verhaltensweise bewusst aus und stelle fest, es geht mir besser. Ich glaube, auch den anderen Menschen geht es besser, zumindest für eine kurze Zeit.

2.4 Dunbars Zahl

Du gewinnst nie allein. An dem Tag, an dem du was anderes glaubst, fängst du an zu verlieren.

(Mika Häkkinen)

- - - - - - -

Robin Dunbar, britischer Psychologe, untersuchte 1990 die Gruppengröße von Säugetieren und verglich sie mit ihrem Gehirnaufbau. Er kam zu der Erkenntnis, dass menschliche Gruppen maximal aus 150 Menschen bestehen können. Mit größeren Gruppen kann unser Gehirn nicht umgehen. Diese 150 Menschen bezeichnet man auch als *Dunbar-Zahl*.

Auch die Stammesgemeinschaften früherer Kulturen hatten eine Größe von ca. 150 Menschen. Wenn du mal alle deine Freunde und Verwandte zusammenzählst, dann wirst du feststellen, dass auch hier nicht mehr als 150 Menschen zu deinem Kontaktkreis gehören.

150 Menschen können wir erkennen, identifizieren und als Teil unserer Gruppe wahrnehmen. Menschen, die wir kennen, lösen gute Gefühle in uns aus. Bei Gruppen über 150 geht diese Bindung verloren.

Unsere Gruppe bildet für uns einen Kreis des Vertrauens. Wir kennen diese Menschen und wissen, wie sie handeln oder glauben es zu wissen.

Alle außerhalb dieser Gruppe werden als Fremde und Außenseiter bezeichnet. Menschen, zu denen wir kein Vertrauen haben.

Wir Menschen fühlen uns unserer Gruppe verbunden, aber Fremden begegnen wir mit Argwohn und Vorsicht.

Die Stärke jeder Gruppe ist von der Anzahl der Mitglieder abhängig. Kämpfe gewinnen immer die stärkeren Gruppen. Das war seit Jahrhunderten so.
Deshalb mussten Menschen auch Möglichkeiten finden, größere Gruppen zu bilden.
Die einzige Möglichkeit größere Verbände zu organisieren besteht darin, einen gemeinsamen Glauben und gemeinsame Werte zu vermitteln.
Glaube und Werte machen Staaten erst möglich. Deshalb waren Religionen in der Entwicklung des Menschen sehr wichtig.
Marx nannte Religion Opium fürs Volk, aber ohne dieses Opium gäbe es keine Staaten auf dieser Welt.
Die großen Kulturen dieser Welt wurden alle durch einen gemeinsamen Glauben und gemeinsame Werte zusammen gehalten. Dieser Glaube war immer eine Religion mit einem oder mehreren Göttern. In Furcht und Ehrfurcht wurden so große Gruppen gebildet.

Die Menschen haben also im Laufe ihrer Entwicklung Fragen gestellt, die unsere Existenz betrafen. Die Antworten, welche darauf gegeben wurden, haben Glauben und Werte erschaffen, die das Zusammenleben größerer Einheiten erst möglich machten.

Man kann diesen Zusammenhang auch umkehren. Ohne Glaube und Werte zerfällt ein Staat in Gruppen von maximal 150 Menschen.
Zu welchen Taten aber normale Menschen fähig sind, zeigte 1961 Stanley Milgram.

2.5 Das Milgram-Experiment

Nur wer Gewissen hat, kennt Verantwortung; nur wer
Verantwortung hat, kennt die Sorge. Deshalb lebt es
sich am sorglosesten auf Befehl.

(Thomas Niederreuther)

- - - - - - -

Wir schreiben das Jahr 1961. Der Psychologe *Stanley Milgram führt ein Experiment* aus, bei dem es um Gehorsam geht.

Zufällig ausgewählte Studenten nehmen an einem Versuch zum Thema Bestrafung und Lernerfolg teil.

Ein ausgewählter Student spielte den Schüler, ein anderer den Lehrer. Was der Lehrer nicht wusste: Der Schüler war eingeweiht in den Versuch.

Der Schüler saß festgebunden auf einem Stuhl und musste Wortpaare zusammensetzen. Wenn er einen Fehler machte, konnte der Lehrer ihm einen Stromschlag verpassen. Nach jedem Fehler erhöhte sich die Spannung um 15V.

Ab 150V bat der Schüler von seinem Stuhl losgebunden zu werden, da er die Schmerzen nicht mehr ertrug. Der Leiter des Experimentes sagte dabei zum Lehrer: „Das Experiment muss fortgesetzt werden". Wenn der Lehrer zweifelte, gab der Leiter folgende 4 Antworten.

- „Bitte fahren sie fort".
- „Das Experiment erfordert, dass sie weitermachen".
- „Sie müssen unbedingt weiter machen".
- „Sie haben keine Wahl, sie müssen weitermachen".

Der Schüler zeigte, je nach Spannung, folgende Reaktionen:

- 75V   Grunzen
- 120V Schmerzensschreie
- 150V Er sagt, dass er nicht mehr teilnehmen will.
- 200V Schreie, die das Blut gefrieren lassen
- 300V Er lehnt es ab zu antworten
- 330V Stille

Was würdest du an der Stelle des Lehrers tun? Jedem Lehrer war bewusst, dass diese Stromschläge gefährlich waren. Auf der Skala des Gerätes war eindeutig „Gefahr : Gefährlicher Schock" zu lesen.

Das Ergebnis des Experimentes:
65% der Teilnehmer gingen bis zum Maximum von 450V, wenn der Schüler im Nebenraum war und keine akustische Verbindung herrschte.

62,5% der Teilnehmer gingen bis 450V, auch wenn es eine akustische Rückmeldung gab.

40% der Teilnehmer gingen bis 450V, wenn Schüler und Lehrer im geschlossenen Raum waren.

30% der Teilnehmer gingen bis 450V, wenn Schüler und Lehrer in Berührungsnähe waren.

Was für Erkenntnisse liefert uns dieses Experiment?

Das Experiment wurde inzwischen mehrfach wiederholt und immer kamen ähnliche Ergebnisse heraus.

1.) Wenn wir von Menschen entfernt sind, sind 65% bereit einem Menschen zu schaden, wenn sie den Befehl bekommen, dass dies notwendig ist.

2.) Wir folgen Befehlen, die wir bekommen, und denken nicht darüber nach. Nur 35% haben den Versuch vorher abgebrochen.

3.) Wenn wir den Menschen nahe sind, sind nur noch 30% bereit diesem Menschen zu schaden, wenn sie den Befehl dazu bekommen.

Das Milgram-Experiment wurde mit normalen Menschen durchgeführt. Menschen wie du und ich. Es wurden keine Psychopathen untersucht, sondern einfache Menschen.

Es ist sehr wichtig für unser Handeln, dass wir den Menschen, über die wir entscheiden, nahe sind. Nur dann fällen wir menschliche Entscheidungen.

2.6 Grundbedingungen menschlicher Gruppen

Man ist nicht bloß ein einzelner Mensch, man gehört einem Ganzen an.

(Theodor Fontane)

– – – – – – –

Eine menschliche Gruppe entsteht nicht einfach so, es gibt einige Bedingungen, die müssen erfüllt sein, damit aus einer zufälligen Gruppe eine echte Gruppe wird.

Ernährung und Sicherheit

Ein leerer Magen studiert schlecht. Grundbedingungen für die menschliche Existenz ist die Sicherung der Grundbedürfnisse nach Ernährung und Sicherheit. Jahrtausende war die Ernährung der Menschen nicht gesichert. Das Überleben ist von der Ernährung und Sicherheit abhängig. Mit Sicherheit ist hier zunächst die körperlicher Unversehrtheit gemeint.

Dies ist laut Maslow die unterste Stufe der Bedürfnispyramide. Wenn diese Bedingungen nicht erfüllt sind, ist keine weitere Entwicklung möglich.

In diesem Stadium dominiert der Automatikregelkreis. Gefahr und Freude sind die Antriebe hierbei. Jegliche Bedrohung verhindert die Arbeit des Motivationsregelkreises.

In der Gruppe finden Menschen Sicherheit und Schutz. Die Gruppe lässt den Menschen nachts ruhig schlafen, weil er weiß, dass jemand aus der Gruppe am Lagerfeuer aufpasst. Die Gruppe kann sich besser verteidigen gegen äußere Feinde. Niemand wird alleine gelassen.

Glaube und Werte

Das Leben der Menschen in der Gruppe verbessert die Lebensbedingungen. Nicht alle Menschen waren in der Gruppe für die Ernährung notwendig. Damit wurde Zeit und Raum gewonnen, über die Welt nachzudenken. Wie kann man die Bedingungen verbessern und warum sind wir Menschen überhaupt da und wie kamen wir auf diese Welt?

Alle Kulturen dieser Welt haben darauf Antworten gefunden. Menschen haben ihren Glauben geteilt und Werte gelebt. Damit hatten Gruppen über 150 Menschen eine Gemeinsamkeit, die sie verband. Je größer die Gruppe, um so besser konnte man sich bei Streitigkeiten um Nahrung und Land durchsetzen. Hochkulturen hatten immer einen starken Glauben und lebten ihre Werte.

Alle Mitglieder der Gruppe müssen notfalls mit Gewalt gezwungen werden, diese Werte und den Glauben zu beachten.

Die Menschen wurden immer erfolgreicher in der Bewältigung der Aufgaben. Die Ernährung besserte sich, in der großen Gruppe konnten immer mehr an der Entwicklung der Gruppe arbeiten. Dies beschleunigte den Fortschritt immer mehr.

Gemeinsamer Glaube und gemeinsame Werte sorgen dafür, dass wir auch bei neuen Ereignissen und Situationen als Gruppe ähnlich reagieren. Verlässlich reagieren.

Empathie

Die Fähigkeit, unser Gegenüber zu verstehen, ist eine Grundvorrausetzung menschlichen Zusammenlebens. Wir fühlen, wenn es dem anderen schlecht geht, und wir muntern ihn auf durch unsere Körpersprache. Die Fähigkeit, den anderen zu verstehen oder mit ihm zu fühlen, bezeichnet man als Empathie.

Grundlage für Empathie sind unsere Spiegelneuronen. Diese reagieren sofort auf äußere Impulse, indem sie diese kopieren. Dabei aktivieren diese Spiegelneuronen direkt jene Bereiche unserer Gefühlswelt, die mit diesen Neuronen verknüpft sind.

Beispiel: Wenn es mir gut geht, führt die Glückshormonausschüttung zur Aktivierung bestimmter Gesichtsmuskeln. Werden diese Gesichtsmuskeln jetzt durch Spiegelneuronen aktiviert, hat dies rückwärts eine Glückshormonauschüttung zur Folge.

Wir fühlen uns gut, wenn alle sich gut fühlen, und wir fühlen uns schlecht, wenn sich alle schlecht fühlen. Die beste Gruppentherapie für Gruppen ist: Leben in der Gruppe. Empathie lernt man durch Zusammenleben mit Menschen. Wer alleine aufwächst, hat hier eventuell ein Defizit.

Für Empathie ist Nähe zwingend erforderlich. Körperliche Nähe und Kontakte sind wichtig. Empathie ist eine Frage der Körpersprache, nicht des gesprochenen Wortes.

Hier gilt das Wechselwirkungsgesetz und auch Milgrams Erkenntnisse.

Sprache

Sprache gibt uns die Möglichkeit, mit Mitmenschen zu kommunizieren. Das macht die Koordination in Gruppen einfacher und effektiver. Man kann Befehle erteilen und Wissen austauschen. Kommt die Schrift hinzu, kann dieses Wissen weitergegeben werden.

Sprache wird von unseren Sensoren direkt zum Verstand/Motivationsregelkreis weitergeleitet. Sprache ist eine Frage der Konzentration und des Verstandes. Sprache alleine löst nicht so einfach Gefühle aus wie die Körpersprache (wegen der Spiegelneuronen). Ohne Gefühle verstehen wir weniger und lernen schwerer. Das ist der Grund, warum Menschen Dinge nicht tun, nicht verstehen, obwohl man es ihnen gesagt hat.

Noch schlimmer sind Kommunikation per Mail oder Chat. Beides sind Kommunikationen ohne Gefühl und Empathie, weshalb weniger verstanden und keine Begeisterung ausgelöst wird.

Ich habe ja bereits erwähnt, dass unser Automatikregelkreis nicht sprechen kann. Er kann nur fühlen.

Dies ist auch der Grund, warum wir Gefühle nicht beschreiben können. Sprache kann Gefühle nur ungenügend oder gar nicht beschreiben.

Im Kapitel 2.2 „Wie Menschen kommunizieren" haben wir gesehen, dass nur 7% der Kommunikation vom Inhalt der Sprache abhängt.

Genau diese 7% belegen wir heute mit den Kommunikationskanälen Chat, Mail und SMS. Wir haben hierbei zwar Smileys erfunden, aber diese können unsere Gefühle nur bedingt wiedergeben.

Greifen wir zum Telefon, dann vergrößern wir unseren Kommunikationskanal um weitere 38%. Denn die Stimmlage und Betonung kommen beim Telefonieren hinzu.

Wer also eine Botschaft übermitteln will, die auch ankommt, muss zum Telefon greifen, oder besser, direkt mit dem Empfänger reden.

Vertrauen gibt es nur zwischen Menschen

Mit dem Vertrauen ist es ein bisschen wie mit dem Glauben. Wenn wir daran glauben, dass mein Gegenüber eine Erwartung erfüllt, dann vertrauen wir ihm. Wenn wir nur daran glauben, handelt es sich um einen Vertrauensvorschuss. Werden unsere Erwartungen erfüllt, dann bildet sich das Vertrauen in unser Gegenüber. Vertrauen ist Kapital, das jeder erst bei uns ansparen muss. Er muss beweisen, dass er dieses Vertrauen wert ist. Vertrauen entsteht, wenn Automatikregelkreis und Motivationsregelkreis im Gleichklang sind.

„Was mein Gegenüber sagt, das tut er auch, und ich nehme es auch so wahr". Hierbei wird dann Oxytocin ausgeschüttet. Wir fühlen uns gut. Gefühle spielen hierbei, wie immer, eine große Rolle. Deshalb gibt es Vertrauen nur zwischen Menschen und nicht zwischen Dingen, Zahlen oder Exceltabellen.

Vertrauen ist ein Kredit oder ein Vorschuss. Ich bringe meinem Gegenüber nur Vertrauen entgegen, wenn der Kredit mindestens einmal bezahlt wurde. Mein Gegenüber muss mir seine Zeit und Energie schenken, damit ich ihm vertraue.

Es kann aber auch sein, dass mir mein Gegenüber sympathisch ist und ich ihm Empathie entgegen bringe. Dann kann ich ihm einen Vertrauensvorschuss geben. Ich glaube dann daran, dass er es wert ist.

Er bleibt aber immer die Rückzahlung dieses Kredites schuldig!

Vertrauen kann es nur zwischen Menschen geben. Es ist eine Oxytocinausschüttung. Nur zwischen Menschen kommt es zu der Hormonausschüttung und zur Festigung des Vertrauens. Wie bei der Empathie ist Nähe hier der entscheidende Faktor. Ich vertraue darauf, dass du das Richtige tust, unabhängig von den Umständen und den Hindernissen.

Nach einer Umfrage bringen wir Feuerwehrmännern das größte Vertrauen entgegen.

Das ist kein Wunder. Wenn wir sie rufen, dann kommen sie und helfen uns. Sie versprechen uns Hilfe und geben sie uns auch. Sie fragen nicht, warum wir sie rufen, sie kommen einfach.

Ganz am Ende der Vertrauensliste sind, wie könnte es anders sein, Politiker. Sie versprechen uns viel, halten aber nichts. Sie zahlen ihren Kredit meistens nicht zurück.

Vertrauensvorschuss ist praktisch der Glaube an dich, Vertrauen ist das Wissen darüber, dass du diese Erwartung erfüllst.

Ernährung, Glaube und Werte, Empathie und Vertrauen sind die Grundlage funktionierender Gruppen. Aber was ist mit den Menschen, die nicht zu unserer Gruppe gehören?

2.7 Das Ich und das Wir

Wir müssen lernen, entweder als Brüder miteinander zu leben oder als Narren unterzugehen.

(Martin Luther King)

- - - - - - -

Wenn wir auf die Welt kommen, sind wir 9 Monate gewachsen und waren geborgen. Diese zwei Bedingungen erwarten wir auch nach der Geburt. Wir erkennen die Menschen um uns herum und spiegeln unser Verhalten in ihnen. Unsere Neugier, der Wunsch zu wachsen, ist grenzenlos. Zuerst sind wir eins mit den Menschen, die um uns sind. Unser Verständnis vom Ich als eigenständiges Individuum kommt erst später. In der Erkenntnis, dass wir unterschiedlich sind zu den anderen. Je mehr wir uns entwickeln, um so mehr werden wir zum Individuum. Menschen, die sich entwickeln, entwickeln immer ihr Ich. Trotzdem suchen wir ein Leben lang die Geborgenheit unserer Anfangszeit. Wir suchen Bestätigung, Anerkennung und Schutz. Wir suchen dies in unserer gemeinsamen Gruppe. Das sind die Menschen, die ich als „Wir" bezeichne. Wir haben Vertrauen zu ihnen, weil sie gut zu uns waren oder weil sie die selben Werte oder den selben Glauben mit uns teilen. Wir vertrauen den Menschen dieser Gruppe. Dieses Wir, dieser Kreis des Vertrauens, kann maximal 150 Menschen umfassen (Dunbar-Zahl). Alle außerhalb dieses Kreises sind die Anderen, die Fremden, die Feinde und das Ungewisse. Diesen Anderen bringen wir wenig Vertrauen und auch weniger Empathie entgegen.

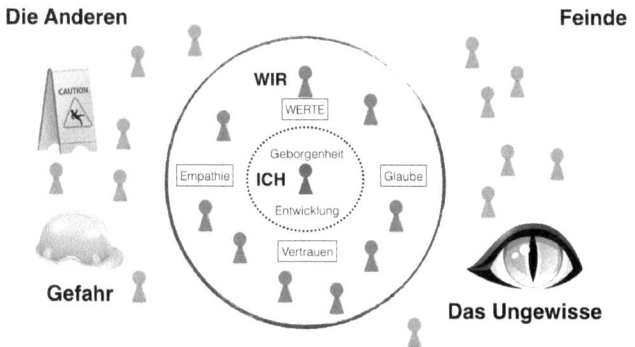

Bild 11 – Der Kreis des Vertrauens

Wie bereits erwähnt, kann diese „Wir-Gruppe" größer sein, wenn man gemeinsame Werte und Glaube besitzt. Meine Gruppe kann hierbei auch eine dynamische Anpassung erfahren, abhängig von den Umgebungsbedingungen.

Ein schönes Beispiel über die Dynamik einer solchen Gruppe konnte ich erleben, als ich im Ausland unterwegs war.

Beruflich hatte ich in Japan zu tun. Dort arbeiteten englische Monteure und französische Monteure. Beide hätte ich in meiner Heimat, Deutschland, niemals zu meiner Gruppe gezählt.

In der fremden japanischen Umgebung, teilten wir aber die gleichen Werte, wir waren Europäer und Langnasen und waren uns durch unsere Arbeit sehr nahe. Wir hatten das gleiche Ziel. Es gab zudem Empathie und Vertrauen. Also gehörten diese Menschen in diesem Fall zu meinem Kreis des Vertrauens. Nähe und gemeinsame Werte waren hier der Kitt, der uns zusammenklebte.

Gibt es eine äußere Bedrohung, so kann das Wir ebenfalls eine größere Gruppe sein. Hierbei bilden wir eine Notgemeinschaft, die aber sofort wieder zerfällt, wenn die äußere Bedrohung überwunden ist. Ganze Staaten sind schon so zusammengehalten worden und auch wieder zerfallen.

Werte und Glaube sind aber Dinge, zu denen wir uns bewusst entscheiden müssen.

Wenn wir uns nach der Geburt entwickeln und die Geborgenheit verlieren, ist dies genauso schädlich, als ob wir nur Geborgenheit bekommen und uns dafür nicht entwickeln können. Geborgenheit befriedigt den Automatikregelkreis, unsere Gefühle. Entwicklung fördert den Motivationsregelkreis.

Die Geborgenen und Behüteten verlieren dann den Marshmallow-Test und tun sich schwer mit langfristigen Zielen. Die, die sich unbeschränkt entwickeln, sind gefühlsbetont, aber haben ein egoistisches Auftreten.

Gruppen sind aber niemals objektiv, sie sehen das, was für die Gruppe gut ist.

2.8 Gruppen sind niemals objektiv

Der Tod eines Menschen ist eine Tragödie, der Tod einer Million ist nur Statistik.

(Joseph Stalin)

— — — — — — —

Wir Menschen als Individuum sind niemals objektiv. Da uns für unsere Beurteilung der Welt nur die Wirklichkeit (unsere gefärbte Wahrnehmung) zur Verfügung steht und nicht die Realität, können wir nur mit enormem Aufwand objektiv sein.

Hinzu kommt, dass es keine Bewertung nur durch den Verstand gibt; immer ist auch ein Gefühl und eine Konditionierung mit im Spiel.

Gefühle zu Menschen sind stärker, je näher uns diese Menschen sind. Das haben wir bereits im Milgram-Experiment gesehen. Empathie gibt es nur durch Nähe.

Wenn wir in der Zeitung lesen, es sind 2000 Menschen in Syrien gestorben, dann ist das nur eine Zahl für uns. Wir können nicht so einfach eine emotionale Bindung dazu aufbauen.

Am 11. September 2001 flogen zwei Flugzeuge in die Zwillingstürme des World-Trade-Centers. Es gab keine anderen Nachrichten mehr. Nicht nur am 11. September, auch Wochen danach.

Bei diesem Anschlag kamen ca. 3000 Menschen ums Leben. Die Dramatik ihres Todes wurde in allen Einzelheiten berichtet, nachgestellt und im Fernsehen gezeigt. Wir konnten hier eine emotionale Bindung zu diesen Menschen aufbauen. Wir fühlten mit den Opfern und den Angehörigen.

Dies führte zu folgenden Reaktionen:

Es wurde der Krieg gegen den Terror ausgerufen. Die USA beschlossen den sogenannten Patriots Act.

Die Erfordernis, Richter bei Telefon- oder Internetüberwachung als Kontrollinstanz einzusetzen, wurde weitgehend aufgehoben, dadurch wurden die Abhörrechte des FBIs deutlich erweitert. Der zuständige Richter muss zwar von einer Überwachung informiert werden, dieser ist jedoch verpflichtet, die entsprechende Abhöraktion zu genehmigen. Telefongesellschaften und Internetprovider müssen ihre Daten offenlegen.

Hausdurchsuchungen dürfen ohne Wissen der betreffenden Person durchgeführt werden.

Die Entscheidung, ob eine Vereinigung als terroristisch eingestuft wird, geht an das Justiz- und Außenministerium über.

Ausländer dürfen wegen der Mitgliedschaft in einer der vom Justiz- und Außenministerium definierten terroristischen Vereinigung abgeschoben werden.

Das FBI hat das Recht, Einsicht in die finanziellen Daten von Bankkunden zu nehmen, ohne dass Beweise für ein Verbrechen vorliegen.

Der Auslandsgeheimdienst (CIA), der im Gegensatz zum FBI keiner weitgehenden öffentlichen Kontrolle unterliegt, erhält das Recht, auch im Inland zu ermitteln.

Die Grundrechte und Freiheiten wurden praktisch massiv eingeschränkt.

In meinem Heimatland hat es 1933 einen Reichstagsbrand gegeben, der ähnlich weitreichende Beschlüsse zur Folge hatte. Ich weiß, diese Vergleiche hören viele nicht gerne und man wird schnell geächtet, aber es handelt sich um identische Verhaltensweisen.

Im Krieg gegen den Terror wurde der Irak angegriffen und besetzt. Der Angriff gilt inzwischen als völkerrechtswidrig. Allein in diesem Krieg wurden wahrscheinlich über 108.000 Zivilisten getötet.

Zweifel an der Verhältnismäßigkeit des Vorgehens sind sicher angebracht, zeigen aber, dass wir zu keiner objektiven Beurteilung fähig sind.

2013 sind in Deutschland 3.340 Menschen im Verkehr ums Leben gekommen.

Niemand käme ernsthaft auf die Idee, alle Autofahrer zu überwachen, sie auf Verdacht festzusetzen, ihre Gespräche im Auto abzuhören und einen Krieg gegen die Autohersteller zu führen.

Wir sind nicht objektiv und Gruppen sind es erst recht nicht.

Darin liegt eine Gefahr.

2.9 Die Würde des Menschen

Von seiner Würde abweichen ist wie sein Pferd gegen

einen Esel tauschen.

(Aus der Mongolei)

- - - - - - -

Der Begriff der Würde hat mehrere Erklärungen. Der Mensch ist durch seinen Verstand ein einzigartiges Geschöpf auf dieser Welt. Wegen seines Verstandes gehört er nicht zur Natur, sondern erhebt sich über diese. Für den menschlichen Geist gibt es keine Grenzen und auch dem menschlichen Handeln sind keine Grenzen gesetzt. Jeder Mensch ist einzigartig, hat einzigartiges Potenzial und jedem Mensch sind die selben Rechte in die Wiege gelegt. Die Möglichkeit des Verstandes, die Option „was wäre wenn", verbietet es uns, bestimmte Dinge einfach zu tun.

Wir sind zwar nicht Teil der Natur, aber ohne die Natur nicht lebensfähig. Jetzt war der einzelne Mensch an für sich schon immer ein hilfloses Geschöpf. Wir sind schwach, langsam und verletzlich. Einzige Möglichkeit zu überleben, ist unser Verstand und die Bildung einer Gruppe. In der Gruppe war es uns Menschen möglich, unsere natürlichen Feinde zu schlagen. Der Mensch ist ein soziales Wesen. Jeder Mensch hat bei der Geburt die gleichen Rechte und Möglichkeiten. Ohne Ausnahme.

Die Frage bleibt, ist uns dieses Verhalten angeboren oder müssen wir Gemeinsamkeit lernen? Müssen wir als Individuum durch die Gemeinschaft zu Würde, Werten und Glauben erzogen werden? Würde (lat.:dignitas) ist die Seinsbestimmung des Menschen. Was ist es, was uns von anderen Lebewesen unterscheidet? Was macht uns einmalig? Der große Unterschied liegt in unserem Motivationsregelkreis. Einen Automatikregelkreis, der das Überleben sichert, findet man auch bei allen anderen Lebewesen. Aber bewusstes Nachdenken, sich entwickeln und   Schlüsse ziehen, ist uns Menschen eigen. Entwicklung und soziale Anerkennung in der Gruppe sowie unsere Werte machen uns einzigartig: körperliche Unversehrtheit, Freiheit der Persönlichkeit und Achtung der anderen. Wenn wir den anderen nicht achten, wie kann er uns dann helfen? Würde ist also immer ein Thema zwischen mir als Individuum und dem oder den anderen. Alleine gibt es keine Würde!

Diese Werte unterscheiden uns, machen die Würde aus. Wenn wir diese Würde verlieren, verlieren wir unser Menschsein, es bleibt nichts, was uns von den Tieren unterscheidet.

Freie persönliche Entwicklung, Geborgenheit und Freiheit. In vielen Ländern dieser Welt ist dies nicht der Normalfall. Da werden Menschen in ihrer körperlichen Unversehrtheit eingeschränkt oder bedroht, ihrer Freiheit beschnitten und Entwicklung ist nicht möglich, weil die finanziellen, die intellektuellen oder die infrastrukturellen Bedingungen fehlen. Diese Bedingungen zu schaffen, ist immer auch Aufgabe des Gemeinwesens, des Staates!

Die größten Bedrohungen der Würde kommen von der Angst und der Gleichgültigkeit . Angst ist viermal stärker als Freude. Wenn ich Angst habe, ist mir der andere egal. Je größer die Angst, um so weniger wichtig wird mir die Situation des anderen; vor allem, wenn er nicht zu meiner Gruppe gehört. Angst triggert aber den Automatikregelkreis und vernachlässigt den Motivationsregelkreis. Somit wird unsere Seinsbestimmung torpediert.

Wirklich frei ist nur, wer frei von Angst ist. Ganze Gruppen wurden schon durch Angst zusammengehalten. Das führt zwar zur Gruppenbildung, aber nicht zur Entwicklung dieser Gruppe. Es führt zum Verlust der Würde. Wenn wir uns als Menschen entwickeln wollen, dann müssen wir die Menschen von der Angst befreien. Erst dann können sich Würde und Potenzial entwickeln.

Gleichgültigkeit ist Desinteresse an meinem Mitmenschen, an seiner Entwicklung und seiner Unversehrtheit. Konzentration auf mich, Individualismus bis hin zum Egoismus, bedrohen die Würde des anderen. Milgram lässt grüßen.

Werte müssen für alle gelten, unabhängig von ihrer Position. Der Kreis des Vertrauens muss allen Schutz und Sicherheit geben. Wenn Glaube und Werte in einer Gesellschaft verloren gehen, verliert diese Gesellschaft ihre Basis; und ihre Menschen die Würde.

2.10 Genetische Programme

Wir dürfen nie vergessen, dass die Zukunft zwar gewiss nicht in unsere Hand gegeben ist, dass sie aber ebenso gewiss doch auch nicht ganz außerhalb unserer Macht steht. (Epikur)

- - - - - - -

Lange Zeit glaubte man, dass es in unseren Genen festgelegt ist, was aus uns werden kann. Heute wissen wir, dass ist nur bedingt richtig. Die Gene bestimmen zunächst nur unsere körperlichen Fähigkeiten. Wir kommen auf die Welt mit einem Körper, den die Gene unserer Eltern mitbestimmt haben, und einem Gehirn zur Adaption an die Welt.

Unser Gehirn ist mit überschüssigen Fähigkeiten ausgestattet. Bei der Geburt gibt es rund ein Drittel mehr an Möglichkeiten als später. Alle unsere Erfahrungen adaptieren uns an die Welt da draußen, an die Menschen da draußen, an die Regeln da draußen. Dies kann unser Gehirn perfekt. Dafür besitzen wir dieses Körperteil.
Ob wir jetzt in einer Großstadt oder in der Serengeti geboren sind, wir adaptieren uns an unsere Umgebung; bewusst oder unbewusst. Unser Gehirn ist eine Adaptionsmaschine, eine Problemlösungsmaschine. Wer mehr Probleme hat, hat auch ein anderes Gehirn wie jemand, der keine Probleme hat.
Die Gene der Menschen haben sich in den letzten 10.000 Jahren nicht wesentlich verändert. Wir Menschen haben uns aber gewaltig verändert und unsere

Umwelt auch. Schon dies ist ein Beweis dafür, dass es nicht an unseren Genen liegen kann.

Die Veränderung der Gene kann unsere Entwicklung nicht erklären.

Unser Bestreben ist es zu wachsen und uns zu entwickeln. Dopamin treibt uns hierbei. Gleichzeitig sehnen wir uns nach Nähe und Geborgenheit, wobei Oxytocin ausgeschüttet wird. Unser Körper belohnt uns mit Gefühlen für Dinge, die wir tun.

Gemeinsame Erfolge freuen uns gemeinsam und wieder ist mit Serotonin ein Hormon, im Spiel.

Was unser Gehirn stark prägt, ist unsere Kindheit. In dieser Zeit werden die Neuverschaltungen der Synapsen im Gehirn am schnellsten vorgenommen. Die Adaption an unsere Umwelt ist am größten.

Wachsen wir hier in Geborgenheit auf, werden geliebt und gefördert, dann werden wir uns anders entwickeln, als wenn wir angeschrien werden und wenig Liebe bekommen.

Es werden ganz andere Verknüpfungen im Gehirn angelegt und wir werden ein anderer Mensch. Der Automatikregelkreis wird hier trainiert, unser Belohnungssystem verändert sich.

Inzwischen ist wissenschaftlich bewiesen, dass bis ins hohe Alter Änderungen möglich sind. Wir Menschen können uns ändern, denn wir haben einen Motivationsregelkreis und können bewusst Entscheidungen treffen. Aber wir müssen Neugier und Begeisterung für diese Sache mitbringen. Dann ist eine Adaption bis ins hohe Alter möglich. Begeisterung bedeutet Gefühl. Ohne Gefühle geht es nicht. Weder im Automatikregelkreis, noch mit dem Motivationsregelkreis.

Diese Tatsache bedeutet, dass wir Werte und Glauben vermitteln müssen und diese Vorgehensweise nicht vererbt wird! In unseren Genen ist kein Programm für menschliches Zusammenleben abgespeichert.

Einzig Empathie mit uns nahen Menschen und die Unterstützung dieser Menschen ist ein Grundprogramm.

Werte und Glaube sind für ein gesellschaftliches Zusammenleben in größeren Gruppen essentiell.

Der Mensch wird, was er erlebt und für was er sich begeistert hat. Es gibt keine genetischen Programme!

Es ist deshalb nicht unwichtig, wie wir mit unseren Kindern umgehen, welche Werte wir vorleben und wie wir die Kinder erziehen.

Ziel des Erwachsenwerdens ist dabei nicht ein Endzustand, sondern das, was wir durch unsere Erfahrungen werden. Der Weg ist das Ziel!

Wie wir auf diesem Weg voran kommen, hängt von unserem Glücksrad ab.

2.11 Das Glücksrad des Lebens

Es ist nicht schwer Menschen zu finden, die mit 60

Jahren zehnmal so reich sind, als sie es mit 20 waren.

Aber nicht einer von ihnen behauptet, er sei zehnmal so

glücklich. (George Bernard Shaw)

— — — — — — —

Wir streben als Mensch und Gruppe nach Glück. Was dies aber genau ist, wissen wir oft nicht. Wie erreichen wir Glück? Was brauchen wir dafür?

Ich habe hierfür ein schönes Bild entwickelt. Mein persönliches Glücksrad des Lebens.

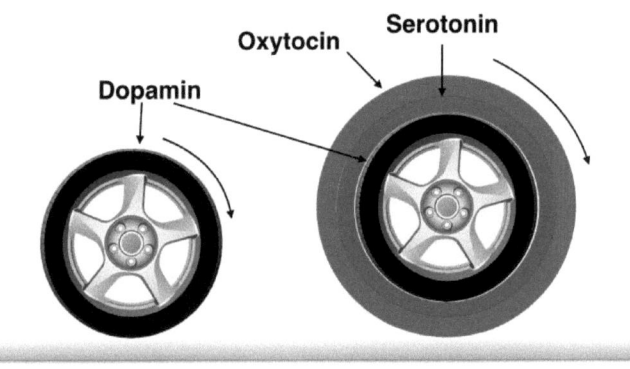

Bild 12 – Das Glücksrad unseres Lebens

Dieses Rad bestimmt, wie wir in unserem Leben voran kommen. Vom Fahrradfahren wissen wir, je größer der Durchmesser des Rades, umso mehr Weg legen wir zurück.

Das Glücksrad des Lebens besteht aus drei Teilen.

Das Innere des Rades bildet Dopamin: unser Streben nach Selbstverwirklichung und Zielerreichung. Wenn wir nur unseren Vorteil suchen, wird dieses Rad niemals größer. Wir können es durch intensives Training schneller drehen lassen, aber es bleibt so klein wie links im Bild.

Ohne diesen Teil des Rades geht es aber nicht voran.

Kümmern wir uns auch um andere und schätzen die anderen und die anderen schätzen uns, dann kommt noch ein Belag Serotonin auf unser Rad. Welche Wertschätzung erhalte ich und welche Wertschätzung gebe ich?

Der Durchmesser unseres Rades ist jetzt schon gewachsen.

Eine weitere Schicht kommt auf mein Rad durch Oxytocin. Wieviel Liebe bekomme ich und gebe ich weiter?

Diese zusätzlichen Schichten kommen aber nur auf mein Rad, wenn diese Bereiche meines Lebens ausgebildet sind.

Jeder dieser Bereiche kann wachsen, aber nur auf Kosten der anderen Bereiche.

Wirklich glücklich sind wir nur, wenn alle drei Teile des Glücksrades entwickelt sind. Dann ist das Rad größer, unser Leben erfüllter und das Rad legt bei jeder Umdrehung einen größeren Weg zurück. Auch ohne hohe

Drehzahl kommen wir weiter, als derjenige, der nur auf Dopamin setzt.

Nur auf Dopamin zu setzen bedeutet, die Drehzahl zu erhöhen. Hohe Drehzahlen zerstören auf Dauer jeden Motor. Schneller als man denkt.

Damit haben wir das Kapitel 2 geschafft. Wir wissen jetzt, wie wir als soziales Wesen funktionieren.

- Das Wechselwirkungsgesetz und die Empathie sind tragende Kräfte einer Gruppe.

- Aber nur gemeinsame Werte und Glauben führt zu Gruppen, die größer sind als 150 Menschen. Staaten sind ohne Religion nicht denkbar.

- Wenn wir uns von unseren Mitmenschen entfernen und über sie entscheiden müssen, fällen wir Entscheidungen, die grausam sind und unserer Würde nicht entsprechen.

- Wir Menschen entwickeln uns durch unsere Erfahrungen. Es gibt keinen vorbestimmten Ablauf in unseren Genen, wir haben die Option uns zu entwickeln.

- Vertrauen gibt es nur zwischen Menschen, und Gruppen sind niemals objektiv.

- Ob wir wirklich glücklich werden, hängt nicht nur von unserem Egoismus ab, sondern auch von unserer Interaktion mit unseren Mitmenschen.

Wie ist der Status unserer Gesellschaft heute, wo stehen wir und welche Bedrohungen gibt es?

3 : Der Verlust der Werte

Wir Menschen sind ein soziales Wesen und werden als Individuum geboren. Was uns in unserem Leben passiert und für was wir uns begeistern, bestimmt, wie unser Gehirn wird, wie wir werden.

Es ist deshalb nicht unbedeutend, an welchem Ort und in welcher Zeit wir geboren werden. Denn die gesellschaftlichen Bedingungen sind nicht unwichtig; das haben wir bis hier schon erfahren.

3.1 Gesellschaft im Wandel

Wenn du mit den Wölfen essen willst, musst du mit den Wölfen heulen. (Sprichwort)

- - - - - - -

Die Nachkriegsgeneration

Meine Eltern waren Kinder des Krieges. Als sie zur Schule gingen, herrschte Krieg: der Zweite Weltkrieg. Die geordnete Welt wurde zerbombt und man verbrachte Stunden voller Angst im Luftschutzkeller. Die Menschen hatten oft nichts als nur sich selbst. Als der Krieg zu Ende war, lag das Land in Trümmern. Alles war zerstört, es gab nichts.

Aus dem, was da war, musste das Land wieder aufgebaut werden. Diese Generation hat zusammen gehalten und Dinge getan, die getan werden mussten. Ihre Kinder sollten es einmal besser haben. Als soziales Wesen war die Zukunft der Gruppe wichtiger als die Einzelperson. Ordnung, Pflicht und Rechtschaffenheit, diese drei Begriffe kennzeichnen diese Generation.

Diese Generation hat dieses Land wieder aufgebaut. Und sie hat gefeiert und sich vermehrt. Schon 1946 wurden 922.000 Kinder geboren. Die Zahl der Geburten stieg von Jahr zu Jahr und erreichte 1964 mit 1,4 Mio. Kindern den Höhepunkt.

In 19 Jahren nach dem Krieg wurden über 19 Mio Kinder in Deutschland geboren. Die Bevölkerung stieg von ca. 69 Mio auf über 76 Mio in Gesamtdeutschland. Das ist eine Steigerung von über 10%.

Das Bruttosozialprodukt stieg von 35,3 Mrd. DM (1948) auf 413,8 Mrd. DM (1964). Rechnet man die DDR-Daten hinzu, dann kommt man auf 503,8 Mrd. DM. Eine Steigerung um 1427% in 19 Jahren!!!

Jeder Deutsche hatte statistisch 1964 ein Waren- und Dienstleistungsangebot von 6628 DM pro Jahr. Eine Steigerung von 1295% seit 1948. Selbst preisbereinigt betrug die Steigerung noch 281%!

Es ging aufwärts, weil man hart arbeitete. Jeder konnte den Aufbau sehen und spüren. Für viele besserte sich die Lebenssituation gewaltig. Die Eltern der Nachkriegsgeneration waren noch im Krieg, hatten die Wirtschaftskrise und den Weltkrieg erlebt. Die Nachkriegsgeneration rebellierte gegen ihre Eltern. Es ist das Privileg der Jugend gegen ihre Eltern aufzubegehren. Man sucht seinen Weg im Leben, seinen eigenen Stil und provoziert die bestehende Ordnung. Mitte der 50er Jahre kam der Rock'n'Roll und eine ganze Generation ließ sich elektrisieren.

Freiheit und Selbstverwirklichung kamen zu den Werten Tugenden, Ordnung, Pflicht, Rechtschaffenheit und Fleiß hinzu und ersetzten diese teilweise.

Die Baby-Boomer

1964 setzte der Pillenknick ein. Wurden 1964 noch 1,4 Mio. Kinder geboren, so waren es 1975 noch knapp 800.000. Das ist ein Rückgang um fast 43%. Mit steigendem Konsum und Wohlstand ging die Geburtenrate zurück. Trotz dieses Rückganges ging es wirtschaftlich weiter bergauf. Das Bruttosozialprodukt stieg von 214,8 Mrd. € auf 898,27 Mrd. € oder um 418%, preisbereinigt um 73,7% in 19 Jahren.

Der Kampf um die Vorherrschaft auf der Welt war in vollem Gange. Die Amerikaner und Russen lieferten sich einen Wettlauf zum Mond.

1969 war es soweit. Die ersten Menschen landeten auf dem Mond. Plötzlich schien alles möglich. Alle Probleme schienen lösbar durch Einsatz von Technik. Und diese Generation war erstmals live dabei. Zum ersten Mal wurde ein solches Ereignis live im Fernsehen übertragen. 1952 hatte der Nordwestdeutsche Rundfunk mit der Fernsehübertragung begonnen, 1975 hatten bereits 93% aller Haushalte einen Fernseher. Informationen und Meinungen konnten jetzt sehr schnell an viele Menschen verteilt werden. Und es wurden Fragen gestellt. Fragen ,die vorher niemand gestellt hatte.

1968 kam es zu Studentenunruhen in Deutschland und Europa. 1969 begann auch die Entspannungspolitik. Dem Feind im Osten wurde jetzt etwas Vertrauen entgegen gebracht. Der eiserne Vorhang öffnete sich einen Spalt.

1973 kam es dann zur ersten Ölkrise. Plötzlich wurde allen bewusst, dass es so vielleicht doch nicht weiter gehen würde. Kritische Fragen wurden gestellt und die Arbeitslosigkeit stieg erstmals auf über 500.000! Das hatte es seit 1959 nicht mehr gegeben.

Der Club of Rome sprach von den Grenzen des Wachstums.

Die Baby-Boomer waren die erste Generation mit guter Ausbildung. Not und Elend waren besiegt und man konnte sich über das Leben Gedanken machen.

TV und technische Entwicklung kurbelten den Konsum weiter an. „Leben und leben lassen" war das Motto dieser Generation.

Der Ost-West-Konflikt war zwar entspannt, aber noch nicht überwunden. Das Wettrüsten fand auf beiden Seiten statt und es gab auf beiden Seiten Widerstand dagegen.

Am 10.Oktober 1981 demonstrierten 300.000 Menschen im Bonner Hofgarten gegen den Nato Doppelbeschluss und für Abrüstung. Die Entspannungspolitik hatte das System auf der anderen Seite der Mauer zermürbt. Ich sage immer: Willy Brandt hat auf der anderen Seite des Eisernen Vorhanges ein Trojanisches Pferd hinterlassen.

Am 9.November 1989 fiel die Berliner Mauer. Die Zeit des Ost-West-Konfliktes war vorbei. Ein Freudentaumel erfasste die Menschen. Plötzlich war alles gut. Oder war das nur eine Täuschung?

Generation Y

Es war im Forschungsinstitut CERN am 12. März 1989. Tim Berners-Lee stellte ein auf Hypertext basiertes System vor, mit dem sich Forschungseinrichtungen weltweit verbinden und Informationen austauschen konnten. Dieses System vereinfachte die Abfrage von Daten und konnte weltweiten Zugriff auf Informationen sicherstellen. Am 6.August 1991 machte Berners-Lee dieses System der Öffentlichkeit bekannt; er nannte es: World Wide Web.

Der Rechner, auf dem er dies vorstellte, war ein NeXt Computer. Der Gründer von NeXt war niemand anderer als Steve Jobs.

Im Oktober 1995 fiel erstmals der Name Internet! Dies sollte die Welt tiefgreifender verändern als je zuvor.

Das Internet machte Informationen sofort verfügbar. An jedem Ort der Welt, vorausgesetzt man hatte Zugang zum Netz.

Der Computer zog ein in jedes Haus und als Apple 2007 das iPhone auf den Markt brachte, wurde das Netz allgegenwärtig. Immer dabei, immer verfügbar, immer erreichbar, immer……

Nie zuvor hat sich eine Technologie so schnell verbreitet. Mit einer e-Mail kann man jeden erreichen, der eine Mailadresse hat. Mit dem Webbrowser kann ich überall zugreifen. Ich kann alles schreiben, alles veröffentlichen. Niemand kontrolliert, was ich tue. Ich habe die grenzenlose Freiheit.

Das Internet macht es möglich, über weite Entfernungen anonym zu kommunizieren.

Diese Generation wächst nicht nur mit Computer und Internet auf, sondern sie ist auch gut gebildet und hat mehr Waren und Güter zur Verfügung als jede Generation zuvor.

Die Technologie macht es möglich, dass wir Dinge sofort bekommen. Ich bestelle heute bei Amazon und morgen wird schon geliefert. Schnelle Belohnung ohne große Anstrengung. Amazon liefert sofort, ich muss nicht lange darauf warten.

Der Kapitalismus hat seit 1989 endgültig über den Kommunismus gesiegt. Die große Menschheitsfrage, die Auseinandersetzung, die nach dem Zweiten Weltkrieg alle beschäftigte, scheint gelöst.

Die Freiheit des Individuums hat gesiegt. Die Börsen stiegen, die Umsätze auch.

Durch den gewaltigen Nachholbedarf in den östlichen Ländern waren riesige Märkte entstanden, die jetzt neu verteilt wurden. Dabei wurde in den östlichen Ländern der Rest an Industrie nach und nach von den großen Konzernen des Westens übernommen.

Die Freiheit des Individuums, die Freiheit des Marktes hatte keinen Zweifler, keinen Konkurrenten mehr; schließlich ging es ja voran. Krisen sollte es keine mehr geben.

Die Informationen, der Warenfluss, alles entwickelte sich rasant. Bestellungen brauchen keine zwei Wochen mehr bis zur Lieferung, sie kommen morgen. Zeit spielt keine Rolle mehr; ich kann alles sofort haben und ich will alles sofort haben.

Diese Generation erreicht Dinge ohne größere Anstrengungen, ohne Not.

Der DAX stieg zwischen 1985 bis 1998 von 1007,18 Punkten auf 5001,55 und erreichte am 7. März 2000 seinen Höchststand von 8136,16 Punkten.

Dies ist ein Anstieg von 707% oder 47% pro Jahr (Linear gerechnet).

Jeder handelte mit Aktien, und Geschichten von Freunden, die über Nacht reich wurden, machten die Runde. Treibende Kraft waren die Technologieunternehmen. Dann platzte die Blase.

Zwischen dem 7. März 2000 und dem 12. März 2003 verlor der DAX 72,7% an Wert und fiel auf 2202,96 Punkte.

Menschen, die gestern noch Millionäre waren, waren auf einmal bankrott.

Wieder einmal war es nicht ewig nach oben gegangen.

Hinzu kam am 11.9.2001 der Angriff auf das World Trade Center. Es begann der Krieg gegen den Terror.

War der alles bestimmende Systemkonflikt der Nachkriegszeit die Auseinandersetzung zwischen Kapitalismus und Kommunismus, so trat hier ein neuer Konflikt hervor. So neu war der Konflikt allerdings nicht. Welche Gruppe hat die richtige Religion, den richtigen Gott? Kapitalismus gegen Islam!

Der Krieg gegen den Terror wurde finanziert auf Pump. Niedrige Zinsen sollten die Wirtschaft ankurbeln, steigerten aber die Verschuldung immer weiter. 2007 platzte die nächste Blase.

Mit einem Schneeballsystem war man auf dem amerikanischen Immobilienmarkt unterwegs. Als die Blase platzte, war die ganze Welt betroffen.

Hier sind wir jetzt angekommen. Was ist alles geschehen?

3.2 Der Kapitalismus und Ich

Der Kapitalismus ist darauf aufgebaut, dass der Mensch aus Gewinnsucht bereit ist, jedes Gute anzurichten.

(Andrzej Majewski)

- - - - - - -

Jeder muss sich selbst verwirklichen. Jeder ist seines eigenen Glückes Schmied. Wir kennen alle diese Aussagen und sie sind sicher richtig. Selbstverwirklichung ist heute das große Ziel.

Adam Smith ging in seinem Buch „Wohlstand der Nationen" davon aus, dass, wenn jeder einzelne seinen Vorteil verwirklicht, das Beste für die Gesellschaft herauskommt.

Nach 1989 wurde uns gesagt, dass der Markt alles alleine regelt und Deregulierung angesagt sei. Schließlich hat 1989 der Markt über den Kommunismus gesiegt.

Dieser Markt hat uns jetzt dahin geführt, wo wir sind. Die Staaten sind verschuldet, die Jugend Europas ist arbeitslos und es gab zwei große Wirtschaftskrisen seit 1989.

Wenn ich als Individuum nur meinen persönlichen Vorteil verfolge, was passiert in mir? Es kommt zu einer Dopaminausschüttung und kurzem Glücksgefühl, wenn ich wieder mal ein Ziel erreicht habe. Dopamin macht aber süchtig, das haben wir bereits gelernt.

Es verdrängt nach und nach Oxytocin und Serotonin. Wir fühlen uns gut, sind aber nicht mehr wirklich glücklich. (Glücksrad Kapitel 2.11) Und wir sind so auf den nächsten Dopaminschub fixiert, dass wir alles andere vergessen. Wie die Ratten bei Olds und Milner.

Wir Menschen sind nur als Gruppe soweit gekommen. Wobei sich hier die stärkeren Gruppen durchgesetzt haben, die, welche besser auf das Überleben vorbereitet waren. Sich entwickeln ist einer der Schritte hierzu. Eine Gruppe wächst nur, wenn ihre Mitglieder wachsen, neue Ideen haben, kreativ sind und an der Verbesserung arbeiten.

Das „Only the Fittest" von Charles Darwin gilt immer für eine Gruppe und niemals für ein Individuum.

Geborgenheit in dieser Gruppe gibt dem einzelnen Halt und Sicherheit.

Laut Ökonomen handelt der Mensch rational und zielorientiert. Er sucht immer seinen Vorteil. Dieses Modell liegt den führenden Wirtschaftssystemen zugrunde. Dadurch, dass der Mensch seinen eigenen Vorteil sucht, kommt es zur Entwicklung der Gruppe und alles wird gut!

Um den Menschen zu belohnen, verwenden wir Geld. Hierbei handelt es sich um eine abstrakte Größe. Ein Stück Papier, das wir zählen können.

Ob etwas gut funktioniert, bewerten wir heute an der Menge Geld, die man bekommt.

Das tägliche Streben eines jeden Individuums dient der Vermehrung seines Geldes. Wir konzentrieren uns auf eine abstrakte Größe.

Wenn wir Menschen nur Homo Economicus wären, dann dürften wir nichts tun, was uns keinen Vorteil bringt.

Wir tun dies aber auch. Menschen engagieren sich ehrenamtlich. Ein großes Betriebssystem, Linux, wurde nur von Freiwilligen programmiert. Die größte Enzyklopädie, Wikipedia, wird auch von Freiwilligen programmiert.

Wir erziehen unsere Kinder, auch wenn wir dafür kein Geld bekommen.

Es gibt mehr als nur das Streben nach Geld. Wir Menschen sehnen uns nach mehr (Siehe Kapitel Glücksrad) .

Dennoch gehen unsere Ökonomen davon aus, dass wir rational nur auf unseren Vorteil bedacht sind.

Das BIP in der Bundesrepublik stieg von 1949 bis 2013 nominal um mehr als das Dreißigfache.

Sind wir in diesem Maße glücklicher geworden?

Heute sind wir in der westlichen Welt so erfolgreich wie noch nie zuvor. Wir leben heute in einer Überflussgesellschaft. Der Kapitalismus, das Streben eines jeden Einzelnen, war ein Erfolgsmodell.

Allerdings nur, solange wir in einer Mangelgesellschaft lebten und eine äußere Bedrohung (Kalter Krieg) bestand, die uns zusammenschweißte und sei es nur in Feindschaft zu unseren Gegnern.

Diese äußere Bedrohung ist 1989 verschwunden. Damit kann sich jeder nur noch auf sich selbst konzentrieren.

Wir wissen ja aus Kapitel 2, dass wir ohne gemeinsame Werte oder gemeinsamen Glauben keine Staaten bilden können. Überfluss, keine äußere Bedrohung und purer Egoismus entziehen unserer Gesellschaft die Grundlage.

Alles wird zur Ware.

3.3 Wenn alles zur Ware wird…

Das beste Schnäppchen ist, wenn man das, was man nicht braucht, nicht kauft.

(Peter E. Schumacher)

- - - - - - -

Die Wirtschaftslehren sehen in der Optimierung von Prozessen und Tätigkeiten ihre Hauptaufgaben. Jede Investition in den Prozess muss einen „Return on Invest" haben, eine messbare Verbesserung, die sich in Geld auszahlt. Man will das Geld einer Investition zurück plus Gewinn. Geld wird zum alles bestimmenden Faktor. Was unwirtschaftlich ist, braucht man nicht zu tun, oder man sucht eine Möglichkeit diese Tätigkeit noch billiger zu erhalten. Erziehung von Kindern und Pflege von Alten ist unwirtschaftlich, Energieversorgung und Gesundheitsvorsorge auch.

Das Erreichen von kurzfristigen wirtschaftlichen Zielen führt zu Dopaminausschüttung. Wir sind glücklich. Aber das hält bei Dopamin nicht lange vor. Ähnlich wie Drogen brauchen wir bald einen neuen Kick. Die Zahlen müssen sich weiter bessern. Geld muss sich vermehren. Wir werden „geil" auf die ständige Ausschüttung von Dopamin. Wir werden wie die Kinder beim Marshmallow-Test, welche nicht auf die Belohnung warten konnten.

Die Zahlen werden wichtiger als die Menschen. Zu Geld und Zahlen kann man aber kein Vertrauen aufbauen. Menschen können nur zu Menschen Vertrauen aufbauen. Dies geschieht durch Nähe. Das haben wir schon beim Thema Empathie gehabt.

Zwei Dinge verschlechtern unsere Situation aktuell:

1.) Die, welche über unsere Welt entscheiden , entfernen sich immer weiter von unserer Welt.
Wir erinnern uns an das Milgram-Experiment. 65% nehmen den Tod billigend in Kauf, wenn das Experiment fortgeführt werden muss. Das Experiment sind die Quartalszahlen, der Gewinn, das Umsatzsteigerungsprogramm usw.

2.) Wie bei Drogen führt Dopaminausschüttung zu einem getrübtem Blick auf die Welt. Die Wirklichkeit entfernt sich mehr und mehr von der Realität. Wir schauen nur noch auf bestimmte Signale und filtern die anderen aus.

Würdest du in einem Flugzeug mitfliegen, in dem beide Piloten Alkoholiker sind und die Situation nur nach einem oder zwei Instrumenten beurteilen?
Noch schlimmer: In Wirklichkeit sitzen diese Piloten noch nicht einmal im gleichen Flugzeug. Sie sitzen sicher am Boden. Ihnen passiert nie etwas. Sie bekommen sogar noch einen Bonus, wenn sie entlassen werden. Ihre Fehler werden noch belohnt.
So funktioniert heute unsere Wirtschaft. Und wir stellen alles unter wirtschaftliche Vorbehalte?
Lohnt es sich noch, wenn die Oma mit 80 noch eine neue Hüfte bekommt?
Ein menschliches Schicksal macht uns betroffen. 1000 menschliche Schicksale sind nur eine Zahl. Das hat schon Stalin gesagt.

Das wirtschaftliche Prinzip ist am Gewinn orientiert. Am persönlichen Gewinn oder am Gewinn meiner Gruppe. Es stellt den Egoismus über die Geborgenheit. Es zahlt in Geld. Mehr Geld bedeutet mehr Dopaminausschüttung.
Der Homo Economics verändert sich wie im Bild dargestellt.

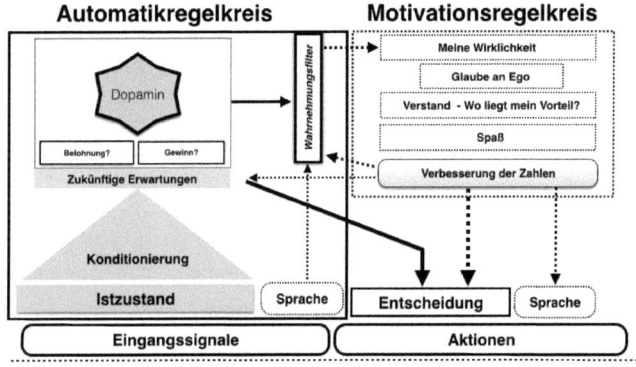

Bild 13 - Homo Economicus

Die Gefahren werden verdrängt. Dafür wird der Automatikregelkreis von Belohnung dominiert. Die hohe Dopamindosis führt zu einem eingeschränktem Wahrnehmungsfilter. Die Wirklichkeit wird reduziert auf das, was man sehen will. Glauben besteht überwiegend aus Glauben an sich und das System . Der Wertebereich fehlt oder ist stark eingeschränkt.
Der Homo Economicus bewertet alles nach Zahlen und verliert so zunehmend den Bezug zu den Menschen.

Zahlen sind aber nur Statistik. Und wieder gewinnt Milgram. Stimmen die Zahlen am Ende des Geschäftsjahres nicht mehr, werden die Arbeitsplätze in Frage gestellt.

Wir reduzieren die Mitarbeiter, die Menschen unserer Gruppe, auf eine Zahl, einen Kostenfaktor. Wir nennen diese Menschen Human Ressource oder Full Time Equivalent (FTE).
Damit werden die, die diese Entscheidungen fällen, zu den Lehrern im Milgram-Experiment. „Das Experiment erfordert, dass sie weiter machen", sagen die Wirtschaftsweisen.

Die Entlassung von Menschen verbessert meistens sofort den Kurs der Aktie.
Wie verrückt sind wir geworden? Wir opfern Menschen für Zahlen. Früher wurden Menschen entlassen, wenn es einer Firma schlecht ging; heute werden Menschen entlassen, wenn der Gewinn nicht so hoch ist wie erwartet. Unabhängig davon, ob es überhaupt Gewinn gibt.
Die Angst der Menschen um den Arbeitsplatz steigert den Cortisolspiegel. Zusammen mit Dopamin leben wir in einer Umgebung, die gedankliche Höchstleistungen unterdrückt und den Oxytocinspiegel senkt. Das Vertrauen nimmt ab und unsere zwischenmenschlichen Beziehungen leiden darunter.
Die Kreativität und Innovationskraft in dieser Firma nimmt ab. Wer keine neuen Produkte mehr entwickelt, muss die alten Produkte für weniger Geld verkaufen, was zu weiterem Kostendruck und damit Personalanpassung führt.

Das Klima der Angst in unseren Unternehmen, der ungebremste Dopaminrausch der Verantwortlichen und der fehlende Zusammenhalt zerstören jede Gruppe früher oder später. Der Kreis des Vertrauens ist zerstört.

Wenn alles zur Ware wird, sind wir verraten und verkauft.

3.4 Burnout - Wir passen nicht mehr hierher

Die Depression ist das Totenreich der Lebendigen!

(Thomas S. Lütter)

- - - - - - -

Mitte der 70er Jahre kam ein neuer Begriff auf. Erstmals sprach man vom Burnout-Syndrom. Hierbei handelt es sich nicht um eine Krankheit, sondern um ein Problem der Lebensbewältigung.

Das Burnout-Syndrom zeichnet sich durch eine überwältigende Erschöpfung, Zynismus und Distanziertheit sowie ein Gefühl der Wirkungslosigkeit aus. Der gesamte Mensch ist aus dem Gleichgewicht, nicht nur in Bezug auf sein Ich, sondern auch in seiner Interaktion mit den anderen.

Im Jahr 2004 gab es pro 1000 Versicherter in Deutschland 4,6 Fehltage durch Burnout-Syndrom.

2012 waren es bereits 87,5! Dies bedeutet eine Steigerung um 1800% in weniger als einer Dekade.

Derzeit sind etwa 5% der Bevölkerung im Alter zwischen 18 - 65 Jahren an einer Depression erkrankt. Jeder 20. Mensch leidet an Depression. In unserer Gruppe von 150 Menschen sind dies 7 - 8 Menschen!

Das sind in Deutschland immerhin 2,53 Mio. Menschen. So viel Menschen wie München und Köln Einwohner haben, leiden an Depressionen .

2011 starben in Deutschland 10.144 Menschen durch Selbstmord. Das sind mehr als dreimal so viel Menschen wie beim Anschlag auf das World-Trade-Center ums Leben kamen. Wir passen nicht mehr hierher! Wir kommen mit der Welt, die wir selbst geschaffen haben, nicht mehr zurecht.

Liegt das an uns? Warum sind wir nicht in der Lage, uns anzupassen?

In den vorangegangenen Kapiteln habe ich ausführlich erklärt, wie wir als Individuum funktionieren und wie wir als Gruppe funktionieren.
Unser Wirtschaftssystem steht hierzu im krassen Gegensatz. Unser ureigenstes Streben nach Entwicklung und Geborgenheit wird täglich torpediert durch Fokussierung auf Zahlen, Ergebnisse und Erfolge. Wir passen nicht mehr hierher, weil wir ein System entwickelt haben, das unserem Naturell nicht gerecht wird. Bei unserem Versuch, immer besser zu werden, haben wir unsere eigene Umgebung in eine Umgebung verwandelt, die uns krank macht.

Papst Franziskus nennt dieses System in seinen Wurzeln ungerecht und sagt: Dieses System tötet.
Es macht uns kaputt. Es tötet die Liebe, das Vertrauen und letztlich uns Menschen selbst. Wenn die Realität nicht mehr zur Wirklichkeit passt, sind wir krank. Die Realität, welche wir erschaffen haben, passt nicht mehr zu der Wirklichkeit, die wir wollen, die wir erträumen oder die uns weiter hilft.
Entweder zerstören wir uns selbst damit oder wir zerstören die anderen. Mit dem Internet haben wir ein brillantes Werkzeug dafür gefunden.

3.5 Ich mach dich fertig ! - Das Web 2.0

Der Mörder sticht dem Opfer in die Kehle. Der Mobber

sticht dem Opfer in die Seele.

(Robert Keller)

- - - - - - -

Eine große Errungenschaft des Internet-Zeitalters ist die weltweite Kommunikation. Was ist aber Kommunikation oder besser, wie sieht diese Kommunikation aus?

Meistens handelt es sich hier um eine schriftliche Kommunikation. Mail, Chat, Facebook und Twitter sind schriftliche Kommunikation. Schrift ist wie Sprache Teil unseres Motivationsregelkreises.

Inzwischen haben wir gelernt, dass Sprache nur ein kleiner Teil der möglichen menschlichen Kommunikation ist. Normalerweise ist Sprache eingebunden in die Gesamtkommunikation. So war es Jahrtausende.

Diesen schmalen Kanal benutzen wir jetzt, um weltweit zu kommunizieren. Eine Mail ist Text mit oder ohne Emotion geschrieben. Wie die Botschaft ankommt, sehe ich nicht. Das hängt vom Gegenüber ab, zusätzliche Info über Körpersprache gibt es nicht. Keine Gefühle, keine Hormone.

Über Jahrtausende haben wir Menschen trainiert, wie wir Botschaften vermitteln und verpacken. Heute brauchen wir das nicht mehr? Wir schreiben eine Mail und alles ist gut?

Über eine Nachricht muss der Empfänger immer nachdenken, über direkte Botschaften (Auge in Auge) nicht. Wir verstehen uns oft auch ohne Sprache. Bei Mail geht das nicht mehr. Die Mail wird dekodiert und je nach

Gemütslage des Empfängers mehr oder weniger positiv interpretiert.

Was als Botschaft ankommt, hängt nur vom Empfänger ab. Bei Kommunikation Auge in Auge kommt das Wechselwirkungsgesetz hinzu.

Mit der räumlichen Entfernung, fehlt auch meistens die empathische Bindung zum Anderen.

Die große Entfernung führt dazu, dass 65% von uns den Tod des anderen billigend in Kauf nehmen (Milgram).

Man kann dies täglich auf Facebook und anderen Plattformen verfolgen. Menschen sagen Dinge zueinander, die sie nie gesagt hätten, wenn sie am gleichen Tisch sitzen würden. Menschen werden denunziert, fertig gemacht, Dinge behauptet, die nicht wahr sind. Endlich haben wir eine Plattform gefunden, auf der wir mal so richtig unsere Meinung äußern können.

"Susi ist eine Schlampe", ist zwar nur die Meinung eines einzelnen, schnell setzen andere ein Like, ein Dritter kommentiert das und schlägt ebenfalls auf Susi ein. Enttäuschte und Neiderfüllte schreiben einen Kommentar. Susi wird gemobbt, fertig gemacht. Das Internet vergisst aber nichts! Niemals! Bis zum Tod von Susi und darüber hinaus können Menschen lesen, was Susi für eine „Schl…." war.

Für das, was ich schreibe, übernehme ich keine Verantwortung. Ich höre das Schreien des Anderen nicht und sehe nicht in seine Augen. Milgram in Reinkultur.

Politiker sind heute auf Facebook oder sie twittern, versuchen ihre Botschaft auf 140 Zeichen zu reduzieren. Mehr haben sie auch meistens nicht mehr zu sagen.

Sprache dient nicht der Verständigung. Nur 7 % der Kommunikation ist Sprache.

Vertrauen gibt es nur zwischen Menschen. Räumliche Nähe, Empathie und Oxytocin sind notwendig für Vertrauen.

Über unsere modernen Kommunikationskanäle funktioniert das nicht mehr. Ansatzweise und mit Anstrengung erreichen wir Empathie noch mit dem Telefon. Hierbei wird noch die Stimme übertragen. Damit erhöht sich der Informationsgehalt.

Unsere gesamte moderne Kommunikation reduziert unsere Wahrnehmung, führt zu Verständnisproblemen und keinerlei Vertrauen. Falsch eingesetzt ist es ein Leichtes, Vertrauen zu zerstören und den anderen kaputt zu machen.

Warum merken wir das nicht? Warum ändern wir nichts?

Wir leben in einer Dopamin-gesteuerten Umgebung. Beruflich und meistens auch privat. Wir wollen in kurzer Zeit Ziele erreichen und erfolgreich sein, am besten ohne große Anstrengung.

Ein Posting auf Facebook und ein paar Likes führen zu einem kleinen Dopaminschub. Die fehlende Nähe zu den Menschen reduziert Oxytocin. Damit werden wir misstrauisch, launisch und aggressiv.

Dopamin macht aber abhängig. Wie Alkohol. Wer morgens aufwacht und sofort zum Alkohol greift, den bezeichnen wir als Süchtigen. Wer morgens aufwacht und sofort zu seinem Smartphone greift, der ist …..?

Wenn sich 4 junge Menschen im Lokal treffen und jeder tippt nur auf seinem Smartphone herum, dann findet auch hier keine Oxytocin-fördernde Kommunikation statt. Man ist zusammen, aber wir gehören nicht mehr dazu.

Die schützende Gruppe ist tot! Es ist eine süchtige Gruppe daraus geworden.

3.6 Amok - wir verlieren unsere Jugend

Wer Amok läuft, ist zuvor gegen geschlossene Türen gelaufen. (Walter Luden)

- - - - - - -

Eric Harris (18) und Dylan Klebold (17) waren zwei Schüler an der Columbine High School in Littleton, einem Vorort von Denver. Ihre Familien waren relativ wohlhabende Mittelstandsfamilien mit geordneten Verhältnissen. Dylan Klebold hatte als Grundschüler an einem Programm für besonders Begabte teilgenommen. Eric Harris galt als guter und interessierter Schüler. Er betrieb eine eigene Website, auf der er seinen wachsenden Hass auf Gesellschaft und Mitmenschen veröffentlichte.

In diesem Alter begehrt jeder gegen die Gesellschaft auf und etwas Hass ist manchmal auch dabei. Eric Harris erstellte eigene Levels für das Computerspiel Doom, einen sogenannten Egoshooter. Beide Schüler galten als unbeliebt und als Außenseiter.

Am 20. April 1999 fuhren beide mit ihren Autos zur Schule. In ihren Sporttaschen hatten sie zwei 9kg-Propangasbomben, welche sie in der Cafeteria platzierten. Um 11:17 Uhr sollten die Bomben explodieren. Die Bomben explodierten aber nicht.

Zwei Minuten später, um 11:19 Uhr, eröffneten beide am oberen Ende der Schultreppe das Feuer auf ihre Mitschüler. Das erste Opfer starb durch einen Kopfschuss. In den ersten Minuten hielten viele die Schießerei für einen Streich der Abschlussklasse. Harris und Klebold schossen wie wild um sich und gingen dann in die Bibliothek. Dort schossen sie gezielt auf die 50 Schüler.

An diesem Tag fanden 12 Schüler und ein Lehrer den Tod. 24 Menschen wurden verwundet.
Um 12:08 Uhr nahmen sich Harris und Klebold in der Bibliothek durch Kopfschüsse das Leben.

In einem Video, das beide kurz vor dem Amoklauf aufnahmen, sagte Harris :

„There is nothing that anyone could have done to prevent this. Our actions are a two man war against everyone else."

Am 26. April 2002 erschoss der 19 jährige Robert Steinhäuser 12 Lehrer, 1 Sekretärin, 2 Schüler, einen Polizisten und sich selbst am Gutenberg Gymnasium in Erfurt.
Auch bei Robert Steinhäuser wurden Egoshooter gefunden. Wegen einem gefälschten Attest war er 2001 der Schule verwiesen worden.

Am 11. März 2009 tötete der 17 jährige Tim Kretschmer 15 Schüler und sich selbst an der Albertville-Realschule in Winneden.
Tim Kretschmer war Schüler der Realschule gewesen.

Am 17. September 2009 wurden am Gymnasium Carolinum in Ansbach 2 Schülerinnen schwer und 7 Schüler und ein Lehrer leicht verletzt. Der 18 jährige Täter war Schüler am Gymnasium und befand sich in psychotherapeutischer Behandlung. Er hatte seinen Amoklauf seit Monaten geplant. Als Motiv nannte er Mobbing.

Warum? Wer hat Schuld? Hätten wir dies verhindern können?

Alle Täter standen an der Schwelle zum Erwachsensein. Niemand hat von ihren Plänen etwas gemerkt. Auch die Eltern waren ahnungslos.

Die Taten waren akribisch geplant. Das waren keine Wutausbrüche des Automatikregelkreises. Hier lagen ausführliche Planungen des Motivationsregelkreises vor. Alle nutzten das Internet und fühlten sich ausgeschlossen oder gemobbt.

Wir Menschen haben ein Grundbedürfnis nach Entwicklung und Geborgenheit. Beides war bei den Tätern nur eingeschränkt gegeben.

Ob die Täter noch Werte und einen Glauben hatten, ist schwer beantwortbar.

Wir leben in einer Welt, die wir nicht mehr ertragen und wir verlieren unsere Jugend.

Wer gibt uns noch Hoffnung? Die Kirchen?

3.7 Niedergang der Kirchen

Gott ist nicht wegen der Kirche da, die Kirche aber sehr wohl dieses Gottes wegen. (Reynold J. Blank)

- - - - - - -

Einst war die Kirche die beherrschende Institution in Europa. Die Menschen hatten Angst und der Glaube gab ihnen Hoffnung. Neben dieser Heilsbringung haben die Kirchen aber auch Fehler gemacht und großes Leid verbreitet.

Die Aufklärung machte Gott entbehrlich. Aber nichts hat der Kirche mehr geschadet als die moderne Konsumgesellschaft und der Geist des Kapitalismus.

Jeder ist heute für sich selbst verantwortlich. Alles ist im Überfluss und sofort verfügbar. In unserer aufgeklärten Gesellschaft kann uns die Wissenschaft Gott immer noch nicht erklären. Immer mehr Phänomene wurden den Gottheiten entrissen und können heute wissenschaftlich erklärt werden.

Der Atheismus nimmt zu. Wer aber in der Schule keinen Religionsunterricht hat, wird schwerlich später zur Religion kommen. Man braucht die Religion im Tagesablauf nicht.

Weder in den Nachrichten noch in den Mails oder im Chat. Nirgendwo taucht Religion auf.

Mit zunehmendem wirtschaftlichen Erfolg unserer Gesellschaft haben sich die Kirchen zurückgezogen. Die Fokussierung auf das Ich und unsere egoistischen Ziele machen das Zusammenleben schwieriger.

Die Kirchen sind erst voll, wenn mal wieder eine Katastrophe passiert ist und wir die Gemeinsamkeit suchen, wenn der Urinstinkt in uns aufbricht, unsere Suche nach Geborgenheit.

Passiert nichts, brauchen wir die Kirche nicht. Die Kirche übernimmt die Funktion des Trösters.

Daran ist aber die Kirche nicht unschuldig. Seit Jahren wird die Kirche gemanagt und nicht geführt. Wer etwas managt, verwaltet es nur, trägt aber nicht zur Entwicklung bei.

Die Kirche hat eine klare Zielvorgabe, die jeder von uns nachlesen kann. Eine Mission:

> „Darum gehet hin und lehret alle Völker und taufet sie im Namen des Vaters und des Sohnes und des heiligen Geistes, und lehret sie halten alles, was ich euch befohlen habe. Und siehe, ich bin bei euch alle Tage bis an der Welt Ende. " (Matthäus 28.19)

Die Aufgabe, welche die Kirche zu erfüllen hat, ist ebenfalls schriftlich festgelegt:

> „Ihr habt gehört, dass gesagt ist: ‚Du sollst deinen Nächsten lieben und deinen Feind hassen." Ich aber sage euch: Liebet eure Feinde; segnet, die euch fluchen; tut wohl denen, die euch hassen; bittet für die, so euch beleidigen und verfolgen, auf dass ihr Kinder seid eures Vater im Himmel; denn er lässt seine Sonne aufgehen über die Bösen und über die Guten und lässt regnen über Gerechte und Ungerechte." (Matthäus 5.44)

Hier ist etwas zu tun. Täglich. Führen bedeutet Verantwortung übernehmen und seine Zeit und Energie zu opfern. Es bedeutet sich einmischen. Täglich.

Wer immer nur die gleichen Reaktionen hat, Auge um Auge, wird immer nur das erreichen, was er bisher erreicht hat. Die Aufgabenstellung lautet aber: „Liebet eure Feinde".

Unsere Antwort ist also nicht die gleiche Reaktion, sondern eine andere. Wenn ein Haus brennt, dann löschen wir mit Wasser. Niemand käme auf die Idee, mit Feuer zu löschen. Aber Blut wird immer wieder mit Blut bezahlt. Die Gewaltspirale dreht sich weiter. Wir müssen die Dinge ändern. Das, was wir ändern wollen, müssen wir vorleben, jeden Tag, an jedem Ort der Welt. Leider wurde dieser Gegenentwurf von den Kirchen nicht so konsequent durchgeführt wie gefordert.

In der Schule haben wir alle von der Inquisition und den Religionskriegen gehört.

Der 30-jährige Krieg hat damals Gesamtdeutschland entvölkert. 20-45% der Bevölkerung haben diesen Krieg nicht überlebt. Mehr als einmal haben die beiden christlichen Kirchen gegen ihre wirklichen Aufgaben gehandelt. Sie sind praktisch vom Weg abgekommen. Trotz diesen Verfehlungen haben die Kirchen ihren Schäfchen immer eine Heimat geboten. Die Menschen waren in ihrer Religion geborgen.

Ohne Religion gäbe es keine Staaten, davon habe ich mehrfach gesprochen.

Laut dem Mikrozensus 2011 sind 33% der Deutschen konfessionslos. 30% sind römisch-katholisch und 28,9% evangelisch.

Die Atheisten stellen inzwischen die größte Gruppe in Deutschland. Die Missionierung durch die Kirchen ist gründlich gescheitert. Brauchen wir die Kirchen überhaupt noch?

Glaube ersetzt in unserem Kopf das, was wir nicht wissen. Heute glauben wir aber, alles zu wissen und brauchen deshalb keinen Glauben mehr. Zumindest keinen christlichen Glauben.

Der Glaube erfüllt aber unser Urinstinkt nach Geborgenheit, nach Geborgenheit, wenn kein Mensch mehr da ist.

Die Wissenschaft kann viele Dinge erklären und was sie nicht erklären kann, muss ich einfach glauben.

Ohne Religion gibt es keinen Staat. In den arabischen Ländern wird uns dies gerade täglich vor Augen geführt. Hier suchen die Menschen Zuflucht und Geborgenheit in der Religion. Sie geben sogar ihr Leben dafür.

Es mag viele geben, die den Niedergang der Kirchen begrüßen, vor allem wegen dem Unheil, welches die Religionen über die Menschen gebracht haben. Machen wir uns aber nichts vor, wir haben keinen neuen Glauben und keine neuen Werte, womit wir dem Staat die Basis entziehen.

Und wie sieht es in der kleinsten Gruppe aus, die es gibt, der Familie?

3.8. Niedergang der Familien

Das Erste, das der Mensch im Leben vorfindet, das Letzte, wonach er die Hand ausstreckt, das Kostbarste, was er im Leben besitzt, ist die Familie.

(Adolph Kolping)

- - - - - - -

Sobald wir auf diese Welt kommen, werden wir ein Teil einer Gruppe. Die kleinste Gruppe, die wir kennen, ist die Familie. Dies ist die Gruppe, die uns Geborgenheit geben soll und uns beschützt, die unsere Entwicklung fördert und da ist, wenn man sie braucht.

Hier lernen wir von frühester Kindheit an, bewusst und unbewusst, wie wir uns in Gruppen zu verhalten haben. Wir bewerten Handlungen und Ereignisse und bilden unser Wertesystem. Für Fragen, auf die die Familie keine Antwort hat, gibt es den Glauben.

Die Familie ist der „Trainingsplatz" für unser Leben. Da es aber keine genetischen Programme gibt, sondern wir uns nach unserer Umwelt entwickeln, ist es nicht unerheblich, wo wir aufwachsen und wie sich unsere Familie uns gegenüber verhält.

Diese Familie befindet sich im Umbruch. Das kann nicht ohne Auswirkungen auf unsere Entwicklung bleiben.

Die durchschnittliche Zahl der Kinder pro Familie lag 2012 bei 1,35.

1950 lag diese Zahl noch bei 2,1 Kinder. Es wird einsamer in den Kinderzimmern. Es gibt weniger Kinder auf der Straße.

2012 gab es 8,1 Millionen Familien mit minderjährigen Kindern in Deutschland.
71% waren Ehepaare (1996 : 81%)
20% waren Alleinerziehende (1996 : 14%)
9% waren Lebensgemeinschaften (1996 :5%)
In einer von drei Familien gibt es keinen Vater oder keine Mutter oder es gibt nur zwei von jeder Sorte.

Jede dritte Ehe in Deutschland wird heute geschieden. Als Gründe werden unter anderem genannt: Unrealistische Erwartungen, schnelles Aufgeben und Belastungen durch Neurosen.
Ausdauer und Beharrlichkeit werden in der Jugend trainiert. Ich werte dies nicht, aber ich bin überzeugt, das dies zu Veränderungen in der Entwicklung führt und auch schon geführt hat.
Im Trainingslager Familie fehlen die Kinder. Zum Streiten, Diskutieren und für gemeinsame Erfolge. Stattdessen steht ein Computer oder eine Playstation im Kinderzimmer. Kinder werden heute, genau wie alte Leute im Heim, verwaltet. Man befreit die Familien durch staatliche Einrichtungen von der Last, die Kinder zu erziehen und sie zu betreuen. Die geforderte Mobilität verhindert zudem, dass die Familien in der Nähe der Großeltern wohnen. Unser Wirtschaftssystem zwingt uns dazu die Kinder nicht mehr in der Familie zu erziehen. Unser Dopaminschub ist uns wichtiger als das Oxytocin. Wir können so nicht glücklich werden und unsere Kinder auch nicht.

Wie die sechsmonatigen Kinder bei Gerald Hüther werden die Kinder anders bewerten und anders handeln. Geborgenheit wird für diese Kinder etwas anderes bedeuten wie für uns.

Umgang mit Männern lernt man durch Umgang mit Männern und Umgang mit Frauen lernt man im Umgang mit Frauen.

Eine Gesellschaft ohne Kinder und ohne Familie braucht starke Werte, damit sie zusammenhält.

Wie wir gesehen haben, ist aber niemand mehr da, der diese Werte vermittelt. Keine Kirchen, keine Institutionen, kein Staat. Aber da gibt es doch noch die sogenannten Eliten.

Früher gab es doch mal eine gesellschaftliche Elite, die diese Werte vermittelt hat, oder?

3.9 Arm und Reich - führen und folgen

Die unangenehmsten Reichen sind die, die nicht einsehen wollen, wie arm sie sind. (Ernst R. Hauschka)

- - - - - - -

In jeder Gruppe, zu jeder Zeit, hat es Menschen gegeben, die führen, und Menschen, die folgen.

Menschen vertrauen sich Menschen an, die stärker sind, besser sind und die Qualität ihrer Entscheidungen bewiesen haben. Wann immer die Gruppe in Gefahr kam, gingen die Führenden mit Mut voran und haben für die Gruppe gekämpft. Die Überlebenschance der Gruppe erhöht sich, wenn man koordiniert vorgeht. Dies setzt eine gewisse Hierarchie voraus.

Die einzige Legitimation für Hierarchie ist die Erhöhung der Chancen für die Gruppe.

Eine Führungskraft braucht nur eines: Menschen, die ihr folgen, weil sie der Führung vertrauen und weil dies die Überlebenschance der ganzen Gruppe erhöht.

Die Zelte der Führer waren schon immer größer und schöner eingerichtet. Das war der Preis der Gruppe für den erhöhten Schutz. In kritischen Situationen haben diese Führer dann die Gruppe verteidigt und die richtigen Entscheidungen getroffen.

Hierarchie gibt es überall, wo Gruppen zusammenleben; auch in der Tierwelt. Aber in der Tierwelt wird der Boss ausgestoßen und durch einen besseren ersetzt, wenn er der Aufgabe nicht mehr gewachsen ist. Es gibt also eine natürliche Akzeptanz von Führung, wenn diese ihre Vorteile nicht missbraucht.

In unserer modernen Welt belohnen wir die Menschen mit Geld. Wer mehr leistet und führt, bekommt mehr Geld. Lange Jahre war dieser Zusammenhang nachvollziehbar und die Belohnung (Geld) stand in einem für die Gruppe akzeptablen Verhältnis.

Es war im Oktober 1999. Der britische Mobilfunkanbieter Vodafone plant die Übernahme des deutschen Mannesmann-D2-Mobilfunknetzes. Der Chef der Mannesmann-Gruppe ist Klaus Esser. Das erste Angebot von Vodafone lehnt Esser ab. Vodafone bessert nach, auch dieses Angebot wird abgelehnt.

Am 31. Januar 2000 sagt der Aufsichtsratsvorsitzende Funk, Esser einen Dienstwagen und eine Sekretärin bis ans Lebensende zu, wenn er der Übernahme zustimme.

Am 3. Februar einigen sich Vodafone und Mannesmann. Klaus Esser wird bis auf weiteres Vize-Chef bei Vodafone.

Am 4. Februar stimmt der Aufsichtsrat der Übernahme zu und zahlt Esser, Funk und vier weiteren Vorstandsmitgliedern 48 Millionen DM.

Am 17. Februar wird Esser abberufen und erhält eine weitere Abfindung von 30 Millionen DM (Quelle :Manager-Magazin 18.10.2004).

Der Anführer der Mannesmann-Gruppe hatte die Zerschlagung der Gruppe nicht verhindert und wurde dafür noch belohnt? Das ist in der Tierwelt ganz anders.

Enron war einer der größten Konzerne der USA. 22.000 Mitarbeiter gehörten zum Stamme Enrons. Am 2. Dezember 2001 meldete Enron Insolvenz an. Die Betriebsrenten der Mitarbeiter in Höhe von 2 Mrd. Dollar gingen verloren. Enron hatte die Gewinne um 1,2

Mrd. Dollar zu hoch ausgewiesen. Das Unternehmen hatte 30 Mrd. Dollar Schulden.

Kurz zuvor hatten die 500 Enron-Manager noch kräftige Bonuszahlungen erhalten. Kenneth Lay, der CEO von Enron, erhielt 300 Millionen Dollar.

Die Ratingagenturen Moody's und Standard&Poor's hatten Enron bis kurz vor der Insolvenz beste Ratings gegeben.

Die DAX-Vorstände verdienen heute mehr als noch vor 10 Jahren. Im Schnitt bekommt ein Vorstand heute 3,2 Mio. €.

1987 verdiente ein Vorstand eines DAX Unternehmens im Schnitt 14 mal soviel wie die Personalkosten pro Kopf seines Unternehmens.

Im Jahr 2010 verdienten die Vorstände bereits das 49-fache. *(Quelle: Vergütungsstudie Prof. Dr. Schwalbach Humboldt Universität Berlin).*

Peter Löscher, der ehemalige CEO von Siemens, bekam für 7 Jahre bei Siemens etwa 85 Mio. €. *(Quelle: Wirtschaftswoche 20.3.2014)*

Das Durchschnittsgehalt in Deutschland liegt 2014 bei ca. 41000 €/a

Selbst auf das Jahr umgerechnet, verdiente Peter Löscher soviel wie 296 durchschnittliche Deutsche. Fast doppel soviel wie ein ganzer Stamm, wenn wir davon ausgehen, dass 150 Menschen eine Gruppe, einen Stamm, bilden (Dunbar-Zahl).

Was heute mehr und mehr vergessen wird, ist die Tatsache, dass man viel verdienen kann wenn man führt, aber man nicht unbedingt führt, wenn man viel verdient.

Das verwechseln einige. Führung ist eine Eigenschaft, keine Position und auch kein Bankauszug. Wer aber auf der Suche nach dem nächsten Dopaminschub ist, dem geht es wie den Ratten bei Milner.

Niemand hat ein Problem damit, wenn Mutter Teresa 1 Mio. € bekommen, oder wenn Nelson Mandela 2 Mio € verdient hätte.

Der absolute Geldbetrag, den jemand erhält, ist nicht das Problem. Es geht um die Relation zum Beitrag für die Gruppe, welchen der Entlohnte erbringt.

Das vergleichen wir. Deshalb haben wir auch große Probleme mit den Boni der Banker., welche den Hals nicht voll bekommen und in der Krise nach dem Staat rufen. Oder gehört denen vielleicht der Staat?

Nach dem Krieg in Deutschland haben alle mit 40 DM angefangen.

Das stimmt nur bedingt, denn Sparguthaben wurden 100 RM : 6,5 DM umgetauscht. Schulden wurden 100 RM : 10DM gewandelt. Wer vor der Währungsreform ein Haus und Land hatte, besaß es auch danach.

Die Nachkriegsjahre waren Jahre des Wachstums, die Wirtschaft wuchs und die Gewerkschaften sorgten dafür, dass die Arbeitnehmer am Wachstum beteiligt wurden. Es herrschte Vollbeschäftigung und es gab jedes Jahr Lohnerhöhungen. Die „Siebziger Jahre" des letzten Jahrhunderts brachten dann die Wende. Beginnend mit der Ölkrise stieg die Arbeitslosigkeit.

John Maynard Keynes hatte dafür aber eine geniale Wirtschaftstheorie.

In wirtschaftlich schwachen Zeiten muss der Staat künstlich Nachfrage schaffen. Also verschuldeten sich die Staaten, um die Beschäftigung zu erhalten. Das funktionierte auch ganz gut, nur wurden diese Schulden in den besseren Jahren nicht mehr zurückgezahlt. Man hatte sich an den Wohlstand gewöhnt und es gelang keinem Staat dieser Welt seine Verschuldung zu reduzieren. Das Zinssystem ist ein exponentielles System. Zahlt man seine Schulden nicht zurück, wird man irgendwann vom Anstieg überrollt. Alle Zinssysteme kollabieren irgendwann.

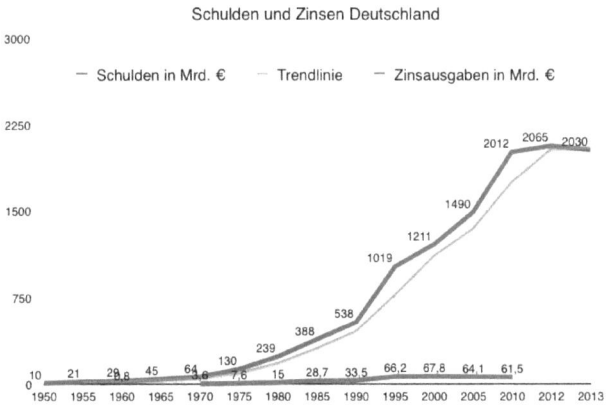

Bild 14 – Staatsverschuldung und Zinseszinskurve –
Quelle: Statistisches Bundesamt

Was aber bei den Schulden immer vergessen wird: Irgendjemand leiht dem Staat das Geld. Die, welche große Vermögen haben, leihen dem Staat dieses Geld, und die, die kein Vermögen haben und nur ihre Arbeit, zahlen brav ihre Steuern.

Staatsverschuldung ist somit eine gigantische Umverteilung von unten nach oben. Oder besser, von fleißig nach
reich.

Die Theorie von Keynes wurde abgelöst von Ökonomen, die behaupteten, nur wenn es den Reichen gut
geht, geht es allen gut. Der Markt regelt alles und der
Staat müsse sich aus allem heraushalten.

Die Folge dieser Lehre sieht wie folgt aus:

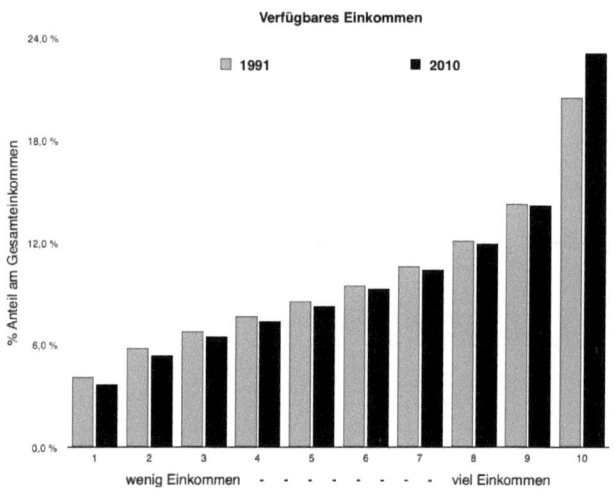

*Bild 15 – Einkommensanteile in Prozent pro Zehntel der
Bevölkerung – Quelle: OEPv28*

Die Statistik zeigt den Anteil am verfügbaren Einkommen pro Zehntel der Bevölkerung. Das Zehntel 1 sind
dabei die Menschen mit niedrigem Einkommen, das
Zehntel 10 die Menschen mit hohem Einkommen. Ver-

gleicht man die Balken von 1991 und 2010 stellt man fest, dass der relative Anteil der Zehntel 1-9 abgenommen hat und nur das Zehntel der reichen Menschen am Anteil gewachsen ist. Die Lasten sind ungleich verteilt. Mathematisch müssen die Reichen immer reicher werden. Ihnen bleibt mehr Geld übrig, welches sie dem armen Staat leihen können. Dieser Staat muss, wegen steigernder Zinslast, den Arbeitenden immer mehr Geld wegnehmen. Die steigende Verschuldung führt dazu, dass der Staat früher oder später handlungsunfähig wird. Bei Griechenland ist dieser Fall schon eingetreten.

Wir leben in der reichsten Gesellschaft aller Zeiten und der Anteil einer kleinen Gruppe wird immer größer. Führt uns diese Gruppe? Sind dies die Eliten?

Fakt ist, dies Gruppe hat ein Grundeinkommen. Dieses Grundeinkommen ist ein bedingungsloses Grundeinkommen, da selbst ein Scheitern mit großzügigen Abfindungen bezahlt wird. Eine Umverteilung von fleißig nach reich unter Beteiligung des Staates.

Die, die uns führen sollen, die Eliten, sind egoistisch und nicht mehr bereit ihre Zeit und Energie und notfalls ihr Leben zu opfern, um die Gemeinschaft voran zu bringen oder zu beschützen. Da sie sich immer weiter von uns entfernen, wird Vertrauen in sie unmöglich. Wie bereits in Kapitel 1 erwähnt, haben unsere beiden Regelkreise ein Problem damit, wenn wir alles haben, was wir brauchen. Dann fällt es uns schwer, neue Ziele zu finden die uns begeistern können. Wir haben ja alles.

Wer alles hat, ist genauso abhängig wie der, der nichts hat.

Der Egoismus nimmt zu, auch auf Kosten der Allgemeinheit.

3.10 Egoismus auf Kosten der Anderen

Unsere ganze Gesellschaft ist aufgebaut auf dem Ich.
Das ist ihr Fluch und daran muss sie zugrunde gehen.

(Theodor Fontane)

- - - - - - -

Es war am 17. Mai 2001 um 0:00 Uhr. Die Pilotenvereinigung Cockpit trat in den Streik. Zuvor waren die
tagelangen Verhandlungen für die 4200 Piloten gescheitert. Die Piloten forderten über 30% mehr Gehalt. Der
Streik sorgte dafür, dass über 900 Flüge am Tag ausfie-
len.

Der Flugverkehr kam praktisch zum Erliegen. 114.000
Passagiere waren betroffen.

Damit ein Flugzeug fliegt, ist ein Team von Menschen
notwendig. Bodenpersonal, Flugbegleiter, Lotsen und
die Piloten. Alle bekommen ihr Geld von den Passagie-
ren die mitfliegen. Steuern kann so ein Flugzeug nur ein
ausgebildeter Pilot. Er besitzt somit eine Schlüsselfunk-
tion. Zum ersten Mal hat eine kleine Gruppe ihre
Macht ausgenutzt und ihre Interessen durchgesetzt. Gegen die Arbeitgeber, aber auch gegen die Kollegen. Gegen das Team im Flugzeug. Diese Gruppe hat sich auf
Kosten aller Kollegen hervorgetan. Man hätte ihre
Macht auch zum Wohle aller Beschäftigten im Flugzeug
verwenden können.

Seit diesem Streik hat es mehrere Auseinandersetzungen
gegeben, in denen einzelne Gruppen ihre Stärken aus-
gespielt haben. Für ihre eigenen Interessen.

Wir sitzen alle im selben Boot, aber es sehen nicht alle
die Sonne.

Seit Anfang der 80er Jahre des letzten Jahrhunderts taucht der Begriff vom Shareholder Value immer öfter auf. Dieser Begriff reduziert Management darauf, den Wert des Unternehmens zu erhöhen und den Anteilseignern mehr Gewinn zu bringen. An Gewinn und Erfolg eines Unternehmens ist an und für sich nichts auszusetzen. Ziel eines Unternehmens ist es erfolgreich zu sein. Ein Unternehmen erfüllt einen Zweck oder deckt ein Bedürfnis. Hierzu benötigt man Geld, Mitarbeiter und Menschen, die dieses Unternehmen führen. Das Geld kommt von den Anteilseignern. Sie sind aber nur eine Gruppe. Da die Menschen, die ein Unternehmen führen oder managen, direkt von den Anteilseignern abhängig sind, sind sie quasi „Leibeigene" der Anteilseigner oder des Shareholder Values. Ziel ist es, den Wert eines Unternehmens zu erhöhen. Dies bedeutet bei Aktiengesellschaften, den Aktienkurs zu erhöhen. Aktienkurse erhöht man, indem man gute Nachrichten verbreitet, bessere Ergebnisse erzielt als erwartet oder einfach nur Mitarbeiter abbaut. Hier sind alle Abhängigen an der Börse so konditioniert, dass Mitarbeiterabbau zunächst den Kurs erhöht.

Die Shareholder sind die Pilotenvereinigung Cockpit in unserem obigen Beispiel. Ohne sie geht es nicht. Aber sie nutzen ihre Macht aus, auf Kosten der Mitarbeiter, gegen die Mitarbeiter, gegen das Team und letztlich vielleicht auch gegen die Kunden.

Wir Menschen sind soziale Wesen und brauchen eine Gruppe, zu der wir gehören. In Kapitel 2.6 habe ich darüber gesprochen, was wir in einer Gruppe brauchen: Werte, Glaube, Empathie und Vertrauen.

Wenn aber ein Teil der Gruppe sich alles aneignet, was die Gruppe produziert, dann gibt es keine Werte, keinen

Glauben an die Gruppe, keine Empathie und zu guter Letzt kein Vertrauen. Ohne Vertrauen gibt es kein Wir.

Jack Welch war von 1981 bis 2001 CEO von General Electric. Er war ein Vertreter des Shareholder Values. Als Welch das Unternehmen übernahm, war es 13 Milliarden Dollar wert. Er hat bei GE über 100.000 Mitarbeiter entlassen. Als er 2001 ging, hatte GE einen Wert von 400 Milliarden Dollar. Danach fiel der Kurs. Heute ist GE nur noch 100 Milliarden Dollar wert. Nachhaltig war die Zeit von Welch anscheinend nicht. Mit seinen Entlassungen hat er Unglück über 100000 Menschen und deren Familien gebracht und damit das Vertrauen von mindestens 250.000 Menschen zerstört.

In einem Interview der FTD von 2009 bezeichnet Welch den „… Shareholder Value als die blödeste Idee der Welt. Shareholder-Value ist ein Ergebnis, keine Strategie; die wichtigsten Interessensgruppen sind die eigenen Mitarbeiter, die eigenen Kunden und die eigenen Produkte".

Es darf keinen Egoismus auf Kosten der Allgemeinheit geben.

„Eher geht ein Kamel durchs Nadelöhr, als dass ein Reicher ins Reich Gottes kommt." (Lukas 18,25)

3.11 Führungskrise - Managen ist zu wenig!

Ein Heer von Schafen, das von einem Löwen geführt

wird, schlägt ein Heer von Löwen, das von einem Schaf

geführt wird.

(Arabisches Sprichwort)

- - - - - - -

Ich habe bereits erklärt, dass Hierarchien nur eine Legitimation haben: Die Erhöhung der Chancen für die Gruppe.

Wir Menschen akzeptieren Führung und in vielen Situationen sehnen wir uns nach Führung. Die einzige Vorraussetzung für Führung ist jemand, der einem folgt. So gesehen kann jeder Führungskraft sein, jeden Tag.

Führung ist eine Eigenschaft, keine Position.

Heute wird aber in allen Bereichen nur noch gemanagt. Das geht beim Hausmeister los, der heute Facility-Manager heißt. Wer etwas managt, sorgt dafür, dass es läuft; im Rahmen seiner Bestimmung. Der Rahmen der Bestimmung ist eine Ideologie, eine Managementlehre, eine Organisationslehre usw.

Eine Führungskraft führt eine Gruppe mit Inspiration und findet Lösungen, die die Gruppe weiter entwickeln. Sie fühlt sich verantwortlich für die ganze Gruppe und geht erst von Bord, wenn alle in Sicherheit sind (wie der Kapitän eines Schiffes).

Eine Führungskraft spannt einen Kreis des Vertrauens um die, die ihr folgen. Führung ist eine Eigenschaft, keine Position. Leider finden wir heute in den wichtigen Positionen keine Führungskräfte mehr, sondern nur noch Manager.

Diese Manager schauen, dass es läuft und sie können Prozesse optimieren, aber sie finden eben keine neuen Wege und inspirieren uns nicht. Der Rahmen der Bestimmung definiert deren Ziele und diese verfolgen sie bis zur nächsten Dopaminausschüttung. Die Angst davor, diese Ziele nicht zu erreichen, erhöht Cortisol und bremst den Motivationsregelkreis.

Es gibt keine Neugier, keine Inspiration und keinen Mut. Es werden nur noch die alten, konditionierten Muster wiederholt und somit nur gemanagt. Das ist für das Überleben der Welt nicht genug.

Wer inspiriert uns noch in Politik, Wirtschaft oder Gesellschaft?

Der Kapitalismus hat gesiegt und alles ist zur Ware geworden. Über das Internet und die modernen Medien machen wir Menschen kaputt und treiben sie in den Burnout.

Dies geht einher mit einem Niedergang der Kirchen, der Familien und einer Führungskrise in der Welt.

Der Egoismus hat über die Gruppe gesiegt und demontiert diese jetzt.

Wir sind alle Dopamin-Junkies und verhalten uns wie die Ratten bei Milner.

Gibt es noch Hoffnung für uns oder wird diese Welt für uns unbewohnbar?

Damit haben wir auch das Kapitel 3 geschafft. Wir wissen jetzt, dass es nicht unerheblich ist, wo wir aufwachsen und in welcher Gesellschaft.

- In unserem Streben, die Umstände für jeden Einzelnen zu verbessern, haben wir eine Welt geschaffen, die nicht mehr zu unserem Naturell passt.

- Diese Welt geht davon aus, dass es für alle das Beste ist, wenn jeder nur seine eigenen Ziele verfolgt. Bis zum Zusammenbruch der Mauer und dem Wegfall der äußeren Bedrohung hat dies auch eine Zeit lang funktioniert.

- Wir leben in einer Überflussgesellschaft, die den Egoismus weiter fördert und durch den Überfluss erst ermöglicht.

- Burnout, Niedergang der Kirchen, Niedergang der Familien und Niedergang der Eliten rauben uns die Hoffnung.

Aber die Hoffnung stirbt zuletzt. Es gibt noch Hoffnung.

4 : Die Hoffnung stirbt zuletzt

4.1 Wir können uns ändern - immer!

Die größte Entscheidung deines Lebens liegt darin, dass du dein Leben ändern kannst, indem du deine Geisteshaltung änderst.

(Albert Schweitzer)

- - - - - - -

Der große Vorteil unseres Gehirnes ist, dass es sich immer weiter entwickelt. Es wächst praktisch bis wir sterben, ohne dass uns der Kopf platzt. Es werden täglich neue Verknüpfungen erstellt, alte gelöst und ständig umgebaut. Das Gehirn ist nie fertig.
Die Folge davon ist: Wir können uns ändern!

Wir müssen dieses Gehirn nur anders nutzen, dann werden wir auch anders sein. Wir werden ein anderer Mensch. Wenn wir immer nur die Dinge tun, die wir schon immer getan haben, werden wir unser Leben nur ständig wiederholen. Das ist die Dominanz des Automatikregelkreises. Wir brauchen wieder Neugier und Hunger auf neue Dinge, die wir ausprobieren.
Nicht nur unser Gehirn, auch unsere Gefühle sprechen auf Veränderung an. Wer jahrelang von Dopamin getrieben wurde, kann geheilt werden. Wie bei Alkoholikern und Suchtkranken hilft es am besten, wenn man in der Gruppe mit anderen darüber spricht. Wer sein Leid teilen kann, hat nur noch halbes Leid. Oxytocin und Serotonin helfen dabei, wieder ein normaler Mensch zu

werden; einer, der anderen vertraut. Wir Menschen können also jederzeit umkehren. Wir haben diese Option.

Unser Motivationsregelkreis muss nur das Kommando übernehmen. Dann sind veränderbare Wirklichkeiten möglich. Wir können die Welt verändern, indem wir unsere Einstellung ändern.

Wer Werte vorlebt und Neugier und Empathie ausstrahlt, hat mehr vom Leben (Wechselwirkungsgesetz).

Die Welt um uns herum ist überwiegend von uns Menschen selbst erschaffen. Wir sind für die Probleme selbst verantwortlich, aber wir können sie jederzeit ändern. Es gibt kein Naturgesetz, welches besagt, dass alles so bleibt, wie es ist.

4.2 Es gibt noch Ereignisse, die uns begeistern!

Gesunkenen helfen heißt königlich handeln. (Ovid)

- - - - - - -

Am 8. Juni 2014 gegen 1:30 Uhr kommt es in der Berchtesgadener Riesending-Höhle zu einem Steinschlag, bei dem der Höhlenforscher Westhauser an Kopf und Armen verletzt wird. Er erleidet ein Schädel-Hirn-Trauma. Er befindet sich zu diesem Zeitpunkt 1100 m unter der Erde. Ein Kollege beginnt den Aufstieg um Hilfe zu holen. Dieser Aufstieg dauert 12 Stunden. Als er oben ist, startet eine beispiellose Rettungsaktion. Vier Bergretter machen sich auf den Weg und erreichen am 9. Juni das Lager des Verletzten. Ein Arzt, der zum Verletzten aufbricht, muss aufgeben.

Am 10. Juni erreichen vier Schweizer Westhauser. Ein österreichischer Arzt macht sich ebenfalls mit 3 Bergrettern auf den Weg, und einen Tag später, am 11. Juni, steigt ein weiterer Mediziner hinab. Der Österreicher erreicht noch am 11. Juni den Verletzten.

Am 12. Juni, 4 Tage nach dem Unfall, trifft der zweite Arzt ein. Beide Ärzte entscheiden, Westhauser ist transportierbar.

Am 13. Juni, nach fünf Tagen, beginnt der Transport von Westhauser am späten Nachmittag auf einer Trage.

14. Juni: Das Rettungsteam meistert den ersten Abschnitt.

15. Juni: Das Team schafft die lange Gerade 900 m unter der Erde. Nun beginnt der senkrechte Aufstieg.

16. Juni : Das Team erreicht das dritte Lager in 700m Tiefe.

17. Juni: Das Rettungsteam ist bei 500 m. 15 Mann sind mit Westhauser unterwegs. Dutzende andere bauen die Wege aus.

19. Juni 11:44 Uhr: Das Rettungsteam erreicht mit Westhauser die Oberfläche. 274 Stunden nach dem Unfall.

Über 700 Menschen waren an der Rettung beteiligt. Menschen aus Deutschland, Österreich, Schweiz, Italien und Kroatien haben problemlos zusammengearbeitet, sind in eine Höhle gestiegen, die sie nicht kannten. Warum haben sie das getan?

Die Antwort ist relativ einfach und wird oft von Soldaten genannt, wenn man sie fragt, warum sie das alles getan haben. „Er hätte das gleiche für mich getan!". Es ist die Gewissheit und das Vertrauen, dass wir alle aufeinander angewiesen sind und wir niemanden zurücklassen. Wir spannen den Kreis des Vertrauens um unsere Gruppe.

Alle in dieser Gruppe sind an die Grenzen ihrer körperlichen Belastung gegangen und am 19. Juni haben alle eine Glückshormonausschüttung gehabt. Serotonin und Oxytocin für 700 Menschen.

Alle werden sich ein Leben lang daran erinnern. Freundschaften haben sich gebildet. Freundschaften, die vielleicht ein Leben lang halten.

Das ist mit keinem Geld der Welt zu bezahlen!

Oxytocin und Serotonin wirken ansteckend und je schwieriger unsere gemeinsamen Anstrengungen waren, umso besser erinnern wir uns und umso glücklicher sind wir.

Der andere ist dabei ein wichtiger Teil zu meinem Glück.

4.3 Der Andere ist auch nur ein Teil von mir

Man wird nicht dadurch besser, dass man andere schlecht macht. (Heinrich Nordhoff)

— — — — — — —

In Kapitel 2.3 haben wir das Wechselwirkungsgesetz kennengelernt. Auf den Punkt gebracht, bedeutet dies, dass mein Gegenüber im Prinzip ein Spiegel von mir ist. Ich rufe im anderen eine Reaktion hervor, ja ich kann sie sogar bewusst hervorrufen.

Wenn du deinem Gegenüber in die Augen schaust und dabei lächelst, wird er in über 95% der Fälle zurück lächeln. Dabei entspannt sich sein Gesicht und auch der Mensch selbst entspannt sich.

Damit übernimmt der andere einen Teil der Einstellung des Senders oder er wird ein Teil des Senders, ein Resonanzkörper des Senders. Je häufiger wir dies tun, umso näher kommen sich die zwei Menschen und umso ähnlicher werden die Reaktionen. Was nicht bedeutet, dass sie gleich werden, aber die Reaktionen der zwei als Gruppe werden berechenbar. Für alle neuronalen Netze gilt der Spruch: „What fires together, wires together" .

Bin ich dann nicht in gewisser Weise für die Reaktionen des anderen mitverantwortlich? Und wenn ich mich freuen will, muss ich dann nicht Freude ausstrahlen? Und bekommt jeder im Prinzip das zurück, was er gibt?

Diese Fragen erscheinen dir vielleicht philosophisch, aber so wie unser Automat Mensch gebaut ist, ist hier viel Wahrheit dabei.

Wenn ich jemanden als Verlierer abstemple und ihn nicht anschaue, wird er dann nicht zum Verlierer?

Robert Rosenthal und K.L. Fode haben einen interessanten Versuch gemacht. In ihrem Versuch benutzten sie Ratten, die genetisch vom gleichen Stamm waren. Sie teilten diese Ratten in zwei Gruppen mit Studenten auf. Jetzt erzählten sie der einen Gruppe, die Ratten wären darauf gezüchtet, einen Irrgarten besonders schnell zu durchlaufen, den anderen Studenten wurde erzählt, die Ratten seien besonders dumm.

Die Ratten der Studenten mit den besonders „begabten Ratten" zeigten in jedem Versuch deutlich bessere Ergebnisse als die Ratten der anderen Gruppe. Liegt das an den Ratten oder sind wir mitverantwortlich für alles, was passiert und wie es passiert? Man nennt diesen Effekt den Rosenthal-Effekt. Wenn das mit Ratten geht, funktioniert das auch mit Menschen.

In einem Versuch mit Grundschülern wurde dies auch bewiesen. Den Lehrern wurde erklärt, dass 20% der Grundschüler besonders begabt seien. Diese Schüler seien durch einen Test ermittelt worden. Diese Aussage war falsch, denn es wurde per Los entschieden. Es wurde der Intelligenzquotient aller Kinder gemessen und kontrolliert. Nach einem Jahr war der IQ der „ausgewählten" Schülern deutlich stärker gestiegen als bei der Kontrollgruppe. Interessant dabei war, dass Schüler mit attraktivem Äußerem deutlich besser abschnitten.

Wir sind soziale Tiere; wenn wir jemanden zurücklassen, dann stirbt er, wie bei einer Tierherde. Liebe deinen Nächsten wie dich selbst, ist das wichtigste Gebot im Neuen Testament. Wer nur sich selbst liebt, wird verkümmern. Sein Glücksrad hat nur Dopamin und „rollt" nicht schnell genug. Nur wer auch die anderen liebt, bekommt Serotonin und Oxytocin hinzu und sein Glücksrad wird schneller voran kommen.

Der andere ist ein Teil von mir. Wenn ich voran kommen will, muss ich den anderen mitnehmen, oder ihn fördern. Meine Einstellung zum anderen beeinflusst diesen und mich auch (Über das Wechselwirkungsgesetz).

Welche Kräfte könnten wir freisetzen, wenn wir in den Menschen um uns herum nur besonders „intelligente Ratten" sehen würden?

Gehen wir morgen zur Arbeit und tun so, als wären alle um uns herum besonders begabte Menschen?

Wir hätten die Chance dazu. Jeden Tag.

Eine solche Einstellung setzt gewaltige Kräfte frei, hebt die Zusammenarbeit auf eine neue Stufe. Es ist Zeit für Veränderung.

4.4 Veränderungen

Das Leben gehört dem Lebendigen an, und wer lebt,

muss auf Wechsel gefasst sein.

(Johann Wolfgang von Goethe)

– – – – – – –

Es ist für uns Menschen nicht ohne Bedeutung, in welcher Umgebung wir leben und aufwachsen. Die Gesellschaft, in der wir aktuell leben, wird geprägt durch ein Wirtschaftssystem, das tötet.

Es ist verantwortlich für den Verlust der Werte, den Niedergang der Familien, der Kirchen, für eine Führungskrise und eine Sinnkrise. Dieses System fordert täglich, dass sich Menschen diesem Zwang nach Wachstum unterordnen. Der Mensch wird zur Ware. Dieser Entwertung sind immer mehr nicht mehr gewachsen und stehen vor dem Burn-Out.

Wenn wir dieses Umfeld nicht ändern, werden wir als Menschen unsere Würde vollends verlieren. Aber gerade das ist ja unsere Stärke. Wir Menschen haben uns schon mehrmals in der Geschichte geändert. Und unser Umfeld ebenfalls.

Manchmal zwangen uns eine Katastrophe und Kriege dazu, ein andermal mussten Revolutionen die notwendigen Änderungen bringen.

Die Beharrungskräfte einer Gesellschaft sind ähnlich stabil wie unsere eigenen im Automatikregelkreis. Wie sollte es auch anders sein, die Gesellschaft besteht aus

Menschen und verhält sich auch dementsprechend menschlich.

Immer gibt es Ängste vor Veränderung, immer gibt es auch Gruppen, die profitieren vom Status quo und haben deshalb keinerlei Interesse an Veränderung.

Ich denke, es ist zwingend erforderlich, dass wir unsere Gesellschaft weiter entwickeln. Weiter entwickeln bedeutet seit 40.000 Jahren die Chancen der Gruppe zu erhöhen.

Diese Gruppe ist heute der Mensch als Gesamtheit. Auch wenn wir nur mit 150 Menschen umgehen können, hat unser Handeln Auswirkungen auf die ganze Welt.

Wir sind die erfolgreichste Spezies der Evolution und gleichzeitig unser größter Feind.

Wir müssen also größer denken als 150 Menschen. Das geht nur, wenn wir einen gemeinsamen Glauben und gemeinsame Werte haben. Wir brauchen so etwas wie eine oberste Direktive.

„Handle nur nach derjenigen Maxime, durch die du zugleich wollen kannst, dass sie ein allgemeines Gesetz werde."

Das hat Immanuel Kant in seinem kategorischen Imperativ gesagt. Ich würde dies ergänzen mit der Aussage:

„Handle so, dass dein Gegenüber so glücklich werden kann, wie du es gerne sein würdest."

Wir leben aber in einer Zeit, die es uns nicht einfach macht, einer Zeit der Überflusses.

4.5 Das Ende vom Mangel

Nach allem, was ich sehe, sind die eben so krank, die sich mit allzuviel überladen, als die bei nichts darben.

(William Shakespeare)

- - - - - - -

Über Jahrtausende mussten wir Menschen uns täglich um unser Überleben bemühen. Wir gingen rechtzeitig auf die Jagd und kämpften Jahr für Jahr gegen Hunger und die Umwelt.

Heute gehen wir in den Supermarkt, wenn wir Hunger haben, und schalten die Heizung an, wenn es kalt ist. Die Geschäfte sind voller Waren. Wir haben von allem genug und auch noch mehrere Sorten davon. Du musst dir nur das moderne Bierregal anschauen: Pils, Export, Weizen, Bier mit Cola, Bier mit Grapefruit, Bier mit Lemon usw.

Jede Bäckerei wirft täglich zwischen 10 und 20% ihrer Tagesproduktion weg. Allein 500.000 Tonnen Brot werden jährlich in Deutschland weggeworfen. Es gibt keinen Mangel mehr. Es ist Essen für alle da, und alle anderen notwendigen Produkte gibt es auch im Überfluss. (Ich spreche hier zunächst nur von Deutschland)

Unsere Steuerungssysteme stammen aber aus einer Zeit des Mangels. Damals mussten wir hart dafür arbeiten, dass wir etwas zu essen hatten. Die Belohnung dafür war der Dopaminschub beim Essen. Heute können wir jederzeit so einen Schub bekommen. Essen gibt es an jeder Ecke und zu jeder Zeit. Was früher eine Beloh-

nung war, ist heute billig und sofort verfügbar. Nahrungsmittel sind wertlos geworden.
Wir neigen zur Relativierung. Ist etwas im Überfluss vorhanden, ist es uns nichts wert.

Für viele ist dieser Dopaminschub durch das Essen eine Ersatzbefriedigung, das einzige Ziel, welches sie haben. Stress im Beruf, Cortisol und Adrenalin lassen eine andere Belohnung als Dopamin nicht zu. Essen macht auch glücklich.
Diese Situation erklärt die Zunahme an Fettleibigkeit in der westlichen Welt. Wir futtern uns glücklich. Das geht aber nur bis zu einem bestimmten Maße.

Aber wenn es alles im Überfluss gibt, wer soll das alles kaufen? Dopamin alleine ist schlecht, das haben wir schon mehrfach besprochen. Es macht süchtig und trübt unsere Wahrnehmung. Ein System, welches in Mangelzeiten hervorragend funktioniert, kommt in Überflusszeiten in große Schwierigkeiten.

Auch unser Wirtschaftssystem funktioniert in Überflusszeiten nicht mehr. Angebot und Nachfrage regeln den Preis und Überfluss führt immer zu schlechten Preisen, damit zu sinkenden Gewinnen und es kommt zu Kostendruck. Kostendruck bedeutet immer Personalabbau. Wir suchen neue Märkte in China, Indien, Brasilien und Russland. Versuchen, denen dort unsere Waren zu verkaufen.

Wir produzieren jährlich immer mehr, mit immer weniger Menschen, für Menschen, die das alles nicht mehr brauchen, weil sie es schon haben. Oder für Menschen, die es sich nicht mehr kaufen können.

Wachstum, Wachstum, Wachstum heißen unsere Parolen. Obwohl alles da ist, brauchen wir immer mehr. Unsere Systeme funktionieren so, nicht nur in der Wirtschaft, sondern auch in unserem Kopf. Der Automatikregelkreis hat das Kommando.

So kann es nicht weitergehen. Das ist keine Prophezeiung, aber so kann es nicht weitergehen, sonst endet es in einer Katastrophe.
Es kann kein unendliches Wachstum geben. Alles in diesem Universum hat ein Ende.

4.6 Es gibt kein grenzenloses Wachstum

Es gibt auch für Geschäfte trotz allen Wohlergehens eine geheimnisvolle Grenze des Wachstums wie für alles Organische. (Robert Musil)

- - - - - - -

E=m c2

Diese Formel hat wahrscheinlich jeder schon einmal gesehen. Es ist *Einsteins berühmte Formel* aus der Relativitätstheorie. Die Energie ist gleich der Masse multipliziert mit der Lichtgeschwindigkeit im Quadrat. Diese Formel gilt im ganzen Universum. Masse kann in Energie und Energie kann in Masse umgewandelt werden. Aber Energie kann nicht erzeugt werden. Es gibt also keine Energie aus dem Nichts und keine Masse aus dem Nichts.

Das Universum dehnt sich zwar ständig aus, aber dadurch reduziert sich die Massendichte. Auch die Lichtgeschwindigkeit ist in dieser Formel eine Konstante.

Dies bedeutet konkret, dass die Masse auf der Erde und die Energie begrenzt sind. Die einzige Energie, die uns täglich erreicht, kommt von der Sonne und dort wird Masse in Energie verwandelt.

Alle Produkte, die wir produzieren, bestehen aus Masse. Es kann nicht unendlich viele davon geben. Wenn die Masse begrenzt ist, gibt es auch eine Grenze für unsere Produkte.

Jährlich produzieren wir mehr Dinge und Produkte als im Jahr zuvor. Wir bezeichnen die Differenz der produzierten Dinge dieses Jahr zu den produzierten Dingen im letzten Jahr als Wirtschaftswachstum.

Aber wenn die Masse begrenzt ist, gibt es auch für das Wachstum eine Grenze.

Nichts in der Natur wächst unendlich. Die Ökonomen mögen dem entgegenhalten, dass man die Dinge ja recyclen kann und damit alte Masse dem Kreislauf wieder zuführt als neue Produkte. Praktisch eine Kreislaufwirtschaft. Wenn Dinge schneller kaputt gehen und wir diese recyclen, dann können wir doch weiter wachsen, oder?

Leider greift auch hier die obige Formel. Dieses Recycling benötigt Energie. Auch diese ist nur begrenzt vorhanden. Aber nicht nur die Masse und Energie begrenzen das Wachstum, sondern auch die Konsumenten.

Wir Menschen produzieren Dinge, z.B. Autos durch Einsatz von Energie und Materie. Und wir produzieren sie für uns und andere Menschen. Die Anzahl der Menschen ist ebenfalls begrenzt. Wenn alle ein Auto haben, brauchen sie keines mehr. Der Bedarf sinkt, der Markt ist gesättigt.

Natürlich gehen Autos kaputt und man braucht von Zeit zu Zeit neue Autos. Aber der Bedarf ist wesentlich geringer als in der Zeit, als die Menschen noch nicht alle ein Auto hatten.

Es gibt in der Natur eine Wachstumskurve und die gilt auch in der Wirtschaft.

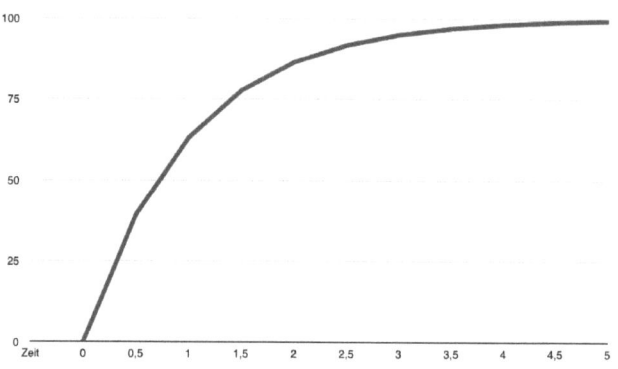

Bild 16 - Natürliche Wachtsumskurve

Es gibt kein grenzenloses Wachstum. Nicht bei Materie und nicht bei Energie. Der Energiesatz gilt im ganzen Universum und auch in den Wirtschaftswissenschaften.

Beim Produzieren der Dinge, die wir brauchen, sind wir seit jeher bestrebt, mit immer weniger Aufwand (Energie oder Materie) immer mehr Dinge zu produzieren. Wir nennen dies Rationalisierung und steigern dadurch unsere Produktivität.
Ich bin seit Jahren im Bereich Automatisierungstechnik tätig und weiß, wovon ich rede.

Diese Maßnahmen reduzieren die Anzahl der benötigten Menschen an der Produktion der Dinge immer weiter. Es werden immer weniger Menschen benötigt, um die Dinge zu produzieren, die wir brauchen. Um alle

144

Menschen weiter zu beschäftigen, bräuchten wir immer mehr Menschen, die diese Dinge kaufen. Wir müssten den Absatzmarkt vergrößern. Nur so kann man trotz Rationalisierung die Arbeitsplätze erhalten.

Wenn wir nicht weiter wachsen, können wir in Zukunft nicht mehr alle Menschen beschäftigen. Aber weiter wachsen geht nicht mehr, weil es eine natürliche Grenze gibt.

In unserem Wirtschaftssystem ist Einkommen bei den meisten Menschen mit Arbeit verbunden. Ohne Arbeit kein Einkommen oder nur eine geringe Sozialleistung vom Staat.

Wir haben bereits mehrfach geklärt, dass wir eigentlich alles haben, dass es Waren im Überfluss gibt. Die Rationalisierung und Automatisierung wird dazu führen, dass wir immer weniger Menschen für die Produktion benötigen. Keine Arbeit, kein Einkommen.

Aber ohne Einkommen kann man die Dinge, die man braucht, auch nicht kaufen! Das aktuelle System funktioniert nur in Mangelzeiten. Wie unsere Steuerungssysteme hat auch unser Wirtschaftssystem ein Problem mit Überfluss.

Die Krisen dieses Systems sind nur Ableger dieses Überflussproblemes.

Wir leben in einer begrenzten Welt mit begrenzten Ressourcen und wenn immer mehr produziert wird, mit immer weniger Menschen, haben wir irgendwann genug und niemand kann es kaufen.

Dieses System sägt an dem Ast, auf dem es sitzt. Wir weigern uns aber seit Jahren diese Tatsachen zu akzeptieren.

Die Staaten drucken Geld, um die Wirtschaft weiter am Leben zu halten und sie verschulden sich. Weil die Party weiter gehen muss?

Für den Tausch unserer Waren verwenden wir seit Jahrhunderten etwas, das wir Geld nennen. Was ist das eigentlich und welche Rolle spielt es?

4.7 Was ist eigentlich Geld?

Wenn man kein Geld hat, denkt man immer an Geld. Wenn man Geld hat, denkt man nur noch an Geld.

(Jean Paul Getty)

- - - - - - -

Vor Jahrhunderten haben die Menschen auf den Märkten ihre Waren gegeneinander getauscht. Man tauschte zum Beispiel drei Ziegen gegen eine Kuh. Angebot und Nachfrage regelten auch hier den Preis. Aber es wurde Ware gegen Ware, Wert gegen Wert getauscht.

Irgendwann haben wir das Geld erfunden. Geld ist heute ein einfaches Tauschmittel aus Papier oder Metall. Am Anfang stellte das Geld selbst einen Wert dar. Goldmünzen hatten einen Wert durch das enthaltene Gold. Bleiben wir bei unserem Beispiel von oben, dann kostet die Kuh zum Beispiel 30 Taler und jede Ziege 10 Taler.

Wenn Geld ein Tauschmittel ist, dann muss es immer soviel Geld geben, wie es Waren gibt. Gibt es mehr Geld als Waren, steigt der Preis (in Geldeinheiten), gibt es mehr Waren als Geld, sinkt der Preis.

Geld für sich, stellt heute keinen Wert mehr dar, es ist ein sonderbar bedrucktes Stück Papier, das nur besondere Druckereien herstellen dürfen. Der einzige Wert ist das Vertrauen darauf, dass ich dieses Papier gegen Waren tauschen kann.

Wenn jetzt aber Energie und Materie begrenzt sind, kann es auch nur eine begrenzte Menge an Tauschmittel geben? Fakt ist, dass die Geldmenge in den letzten Jahren deutlich gestiegen ist. Sie ist viel stärker gestiegen als das Angebot an Waren und Dienstleistungen. Es gibt also zuviel Geld für die Waren die produziert werden. Es gibt mehr Geld, als wir benötigen, genau wie es mehr Waren gibt als wir brauchen. Wie konnte das passieren? *Geld entsteht durch Schuld*. Wer Schulden macht, muss Zinsen zahlen. Zinsen sind die Gebühr für den Kredit. Aber Zinsen bringen ein Problem mit. Es ist der Zinseszins.

Wir zahlen im ersten Jahr den Zins bzw. die Schulden erhöhen sich um den Zins. Im nächsten Jahr zahlen wir bereits Zinsen auf unsere ursprüngliche Schuld plus dem Zins vom vorangegangenen Jahr. Unsere Schuld steigt immer mehr an. Jahr für Jahr kommt der Zins und Zinseszins zu den Schulden hinzu.

Hierbei handelt es sich um ein exponentielles System. Exponentielle Systeme können wir nicht begreifen. Jeder hat schon einmal die Geschichte mit dem Schachbrett und dem Reiskorn gehört.

Angeblich soll der Erfinder des Schachspiels als Belohnung beim König einen Wunsch frei gehabt haben. Er wünschte sich nun, dass das Schachbrett mit Reiskörnern gefüllt werden sollte. Und zwar wie folgt: Ein Korn solle auf das erste Feld, zwei auf das zweite, vier auf das dritte, usw. gelegt werden (d.h. auf einem Feld immer doppelt so viele Reiskörner wie auf dem vorangehenden).

Der König, der sich über diesen vermeintlich bescheidenen Wunsch wunderte, versprach, der Bitte nachzukommen. Hätte er über einige mathematische Kenntnisse verfügt, so hätte er diese Dummheit sicher nicht begangen, denn folgt man dieser Anordnung der Körner, so liegen allein auf dem 64. Feld:

18.446.744.073.709.600.000 Reiskörner oder ca. 461.168.601.842 Tonnen Reis!

Anderes Beispiel ist der Josephspfennig. Hätte Joseph zur Geburt von Jesus ein Sparbuch eröffnet, 1 Cent eingezahlt und die Bank von Bethlehem hätte 2,5% Zinsen gegeben, was wäre bis heute daraus geworden?

Das Sparbuch hätte heute einen Wert von: 39.615.477.867,14 Mrd. €.

Nicht nur, dass die Zahl unvorstellbar groß ist, was wir nicht erwartet hätten, auch gibt es nicht soviel Waren. Was eindeutig zeigt, dass Zinseszins-Systeme auf Dauer nicht funktionieren können! (So wie es auch kein unendliches Wachstum gibt.)

Der Zinseszins ist für unser Gehirn nicht erfassbar. Ein weiterer Effekt von Schulden ist die Tatsache, dass ein Kredit sofortige Lusterfüllung und damit Dopaminausschüttung zur Folge haben kann. Die Tilgung findet aber in der Zukunft statt. Jahrtausende haben wir uns angestrengt und wurden dann belohnt, jetzt kehrt ein System den Lustgewinn um: Belohnung vor der Anstrengung! Das verführt uns. Es ist ja so einfach, Schulden zu machen. Aber die Rechnung kommt mit Zins und Zinseszins und das begreifen wir nicht oder erst, wenn es zu spät ist.

Alle Staaten sind heute verschuldet und keiner der Staaten tilgt seine Schulden. Ohne Tilgung schlägt aber der Zinseszins-Effekt zu.

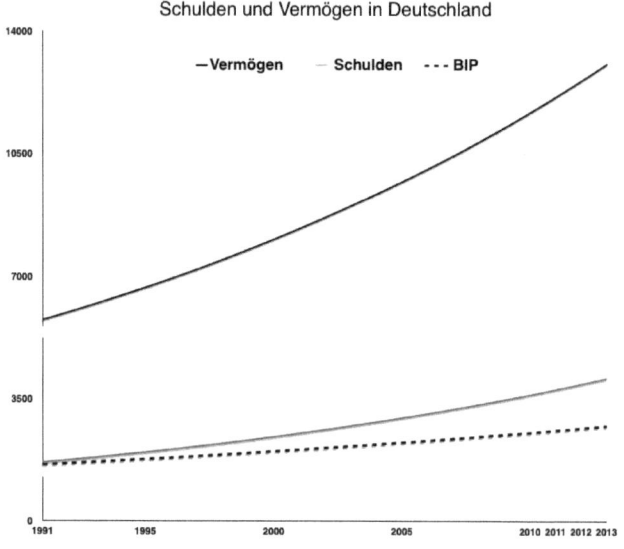

Bild 17 – Schulden und Vermögen – Quelle: Deutschland
in Zahlen 2014 Institut der deutschen Wirtschaft

Während unsere Wertschöpfung nur langsam linear steigt (BIP), steigen sowohl die Schulden als auch die Vermögen exponentiell. Was bedeutet dies?

Das Geld hat sich gelöst von der tatsächlichen Wertschöpfung. Die Schulden steigen stärker als die Wertschöpfung. Aber die Schulden des einen sind die Guthaben des anderen. Auch die Guthaben wachsen exponentiell. Da es kein grenzenloses Wachstum gibt, wird dieser Effekt endlich sein. Irgendwann ist Zahltag, die Schulden werden fällig, aber niemand kann sie zurückzahlen, weil es gar nicht soviel Waren und Dienstleistungen auf dieser Welt gibt.

Das ist dann der Zeitpunkt für einen Staatsbankrott, eine Währungsreform oder einen anderen Neubeginn.

In den letzten hundert Jahren hat es zwei Weltkriege gegeben, die einen solchen Neuanfang im Geldsystem zur Folge hatten. Deshalb ist uns nicht aufgefallen, dass dieses System auch ohne Krieg kollabiert wäre.

Wir Menschen neigen dazu, Dinge, die in der Zukunft liegen, zu verdrängen. Aktuell funktioniert das System mit den Schulden doch noch so gut. Unsere amerikanischen Freunde leben seit Jahrzehnten auf Pump. Sie drucken Geld und pumpen gewaltige Mengen in die Wirtschaft, damit die Party weitergeht.

Aber : $E = m\,c2$

Wie kommen wir aus diesem Karussell heraus?

4.8 Bedingungsloses Grundeinkommen

Menschen unter Druck bleiben unter ihren

schöpferischen Möglichkeiten.

(Götz Werner)

- - - - - - -

Wenn es kein grenzenloses Wachstum geben kann, wir aber durch Automatisierung und Rationalisierungen immer weniger Menschen brauchen, um die notwendigen Dinge für uns alle zu produzieren, bedeutet das, dass wir immer weniger Menschen benötigen, die arbeiten müssen, für die Produktion dieser Güter. Wir merken das daran, dass wir immer weiteres Wachstum brauchen, um das System am Leben zu halten bzw. Arbeit für alle zu garantieren.

Jetzt ist bei uns Einkommen direkt mit Arbeit gekoppelt. Schon Marx sagte: „Wer nicht arbeitet, soll auch nicht essen". Wenn aber immer weniger Arbeit da ist, wird es immer weniger Einkommen geben. Da aber Einkommen auch die Nachfrage bestimmt, eliminiert sich das System selbst bzw. zerstört sich selbst.

Wir haben aber alles im Überfluss, wir hätten genug für alle, doch warum können sich immer weniger die Dinge kaufen?

Wir entmündigen die Menschen mit „Harz 4" und zwingen sie einen Job anzunehmen, obwohl wir wissen, dass es nicht mehr genügend Jobs für alle gibt und geben wird.

Wie können wir diesen Gordischen Knoten lösen?

Wie war das eigentlich früher?

Als wir Menschen noch in Gruppen kleiner als 150 Menschen lebten (Dunbar Zahl), gab es kein Geld und auch kein Einkommen. In dieser Gruppe war auch niemand arbeitslos und es musste auch niemand hungern. Die Verpflegung wurde in der Gruppe geteilt. Wir hatten ursprünglich eine teilende Kultur. Das immer populäre Sharing gab es bei uns schon in der Urzeit. Wir waren eine Sharing-Culture.

Für das Überleben des Einzelnen war die Gruppe sehr wichtig, weshalb jeder in dieser Gruppe gebraucht wurde. Jeder war nützlich und konnte sich nützlich machen. Mit zunehmendem Produktivitätsfortschritt hatten die Menschen mehr Dinge, als man zum Überleben benötigte. Man brauchte nicht mehr jeden in der Gruppe, um das Überleben zu sichern. Damit begann der Konkurrenzkampf. Nur wer sich immer weiter verbesserte und nützlich machte, wurde gebraucht und bekam fortan ein Einkommen.

Dieser Konkurrenzkampf hat unsere Effizienz und Produktivität enorm gesteigert. Ja, er hat uns erst dahin gebracht, wo wir heute sind. Aber wir haben uns eine Gesellschaft erschaffen, die unsere Grundbedürfnisse nicht mehr erfüllt. Wir Menschen brauchen Geborgenheit und Zugehörigkeit. Heute haben wir genug Dinge und brauchen immer weniger Menschen, um diese Dinge zu produzieren.

Was machen wir mit den anderen Menschen? Wir brauchen sie nicht mehr, aber sie werden die Mehrheit stellen. Muss Arbeit und Einkommen zwingend miteinander verbunden sein?

Stellen wir uns mal vor, alle Bürger einer Gruppe bekommen ein Grundeinkommen. Dieses Grundeinkommen sichert die Existenz der Person ab. Man kann davon nicht üppig leben, aber es reicht. So wie früher in der Urzeit. Jeder bekommt dieses Grundeinkommen, ob er arbeitet oder nicht. Dieses Einkommen ist somit bedingungslos. Es ist wie die Liebe der Eltern zu ihrem Kind, diese wird auch nicht an Bedingungen geknüpft (meistens jedenfalls).

Es ist die Anerkennung der Gruppe an den Einzelnen, dass er dazu gehört.

Alle anderen sozialen Leistungen in dieser Gruppe werden abgeschafft.

Nehmen wir einmal ein monatliches Grundeinkommen von 640 € für jeden. Was würde das bedeuten?

Die alleinerziehende Mutter und ihr Kind hätten nun ein Nettoeinkommen von 1280 €. Davon kann man nicht sehr gut leben, aber mit einer kleinen Nebenbeschäftigung, kann das Einkommen gesteigert werden.

Die Facharbeiterfamilie mit zwei Kindern hätte ein Nettoeinkommen von 2560 €. Davon kann man überleben und sich um die Erziehung der Kinder kümmern.

Das Rentnerehepaar hätte ein Nettoeinkommen von 1280 €. Mit den Ersparnissen reicht das zum leben sicher aus.

Der Student aus ärmlichen Verhältnissen bekäme monatlich 640 € und eine Chance auf ein Studium. Die Menschen würden vermehrt Beschäftigungen annehmen, die schlechter bezahlt werden, aber mehr Freude und Lebensqualität bringen.

Das ist doch ein Märchen, Utopie, Visionen eines Spinners?

Wenn du so reagierst, dann kann ich das verstehen. Jeder sagt sofort, das ist unbezahlbar. Und niemand geht mehr arbeiten in diesem einem System?

So ging es mir am Anfang auch. Das ist die natürliche, weil vom System konditionierte Reaktion.
Ich habe die 640 € nicht willkürlich gewählt. Auf meinem Blog habe ich vorgerechnet, dass es diese Transferleistung von 640 pro Monat bereits heute gibt.

640 € zahlen alle Berufstätigen der Bundesrepublik für alle Nicht-Berufstätigen dieser Republik (Rentner, Arbeitslose, Kinder, Schüler, Studenten usw.).

Es gibt dieses Grundeinkommen bereits heute, aber es ist nicht bedingungslos.
Den zweiten Einwand glaube ich einfach nicht. Umfragen haben bewiesen: Die Menschen selbst würden weiter arbeiten gehen, glauben aber mehrheitlich nicht, dass die anderen arbeiten gehen. Wir schätzen uns selbst immer besser ein als die anderen! Das ist auch eine normale Tatsache unserer Existenz.

Wir Menschen sind hier, um uns zu entwickeln. Wir haben einen Motivationsregelkreis, der uns vom Tier unterscheidet. Wir wollen die Welt verändern, etwas schaffen, was einzigartig ist. Diese tiefe Sehnsucht treibt uns an. Wer 640 € bekommt, wird damit nicht zufrieden sein, er will 1000 € haben oder 2000 €.

Hast du jemals gehört, dass ein CEO aufhört zu arbeiten, weil er von seinem Aktienpaket leben könnte?

Wir gehen nicht arbeiten wegen des Geldes. Wir gehen arbeiten um etwas Großes zu schaffen und die Welt zu verändern, Menschen Freude zu machen oder Anerkennung zu bekommen. Wir gehen arbeiten wegen Dopamin, Serotonin und Oxytocin.

Unser aktuelles System gibt vielen nicht mehr die Möglichkeit das zu tun, weshalb wir Dienst nach Vorschrift machen und nur wegen dem Einkommen arbeiten. Wenn das Einkommen gesichert ist, dann suchen wir wieder nach dem, was unsere Sehnsucht ist.

Niemand hat doch heute die freie Wahl. Wer eine Familie zu ernähren hat, wird weiter in dem Job bleiben, der ihm Geld bringt, aber schon lange keinen Spaß mehr macht. Dafür vollbringen diese Menschen in ihrer Freizeit wahre Wunder.

Es gibt unzählige Beweise dafür. Die größte Sammlung von Wissen dieser Welt, Wikipedia, ist kostenlos und wird von Menschen gepflegt, die kein Gehalt dafür bekommen. Ein bekanntes Betriebssystem, Linux, wurde von Menschen in ihrer Freizeit programmiert und wird auch so gepflegt.

Menschen betreiben Youtube-Kanäle, die interessanter sind als unser abendliches Fernsehprogramm und bekommen kein Gehalt dafür.

Millionen ehrenamtliche Helfer engagieren sich in ihrer Freizeit in Sportvereinen, bringen dort oft mehr Engagement als in ihrem Beruf. Warum?

Wir Menschen wollen Anerkennung, Liebe und Entwicklung. Das hatten wir früher vor Jahrtausenden und wir könnten es wieder haben.

Das bedingungslose Grundeinkommen ist sicher nicht der einzige Weg, aber man sollte einmal über diese Alternative nachdenken. Immer mehr Menschen tun das bereits. Bekanntester Vertreter für das bedingungslose Grundeinkommen ist Götz Werner, der Gründer der dm-Drogerie.

Wenn wir immer nur in den alten Mustern denken, werden wir immer weiter das erleben, was wir bisher erlebt haben.

Es ist endlich Zeit das Richtige zu tun.

4.9 Das Richtige tun!

Wir sind nicht nur verantwortlich für das, was wir tun,

sondern auch für das, was wir nicht tun.

(Molière)

- - - - - - -

Wir haben das Wechselwirkungsgesetz kennengelernt, den Automatikregelkreis, den Motivationsregelkreis und die Empathie. Seitenlang habe ich darüber berichtet, welche Gefahren unser Handeln in sich birgt. Was können wir aber ändern, wo müssen wir ansetzen, um unsere Würde zu behalten und als Mensch einzigartig zu bleiben?

Ich bin überzeugt, dass dafür keine großen Wunder nötig sind. Die Zustände, die wir heute vorfinden, sind auch nicht über Nacht gekommen. Veränderungen beginnen mit kleinen Anfängen. Im Hier und Jetzt. In diesem Augenblick haben wir es in der Hand, wohin die Reise geht. Nicht morgen, nicht gestern, sondern jetzt, gerade eben.

Wenn der Rosenthal-Effekt nicht nur bei Ratten funktioniert, dann muss ich meine Mitmenschen einfach für besonders intelligent und hilfsbereit halten. Was wird passieren? Sie werden es auch sein. Stellen wir uns eine Welt vor, in der jeder Lehrer davon überzeugt ist, dass seine Schüler besonders intelligent sind. Was könnten wir alles erreichen, wenn wir in jedem Menschen sein Potential entdecken, fördern und ihm auch Geborgenheit geben würden?

Durch das Wechselwirkungsgesetz würde ich mich freuen, wenn du dich freust und umgekehrt. Unsere Hormone würden uns glücklich machen und zufrieden. Natürlich nur, wenn wir uns nahe sind.

Suchen wir die Nähe zu den Menschen, die uns wichtig sind und uns etwas bedeuten, und auch zu den Menschen, über die wir eine Entscheidung zu fällen haben. Lassen wir nicht zu, dass Milgram gewinnt. John le Carre, der Autor von vielen Agentenromanen, hat gesagt: „Ein Schreibtisch ist der ungeeignete Platz, um die Welt draußen zu betrachten."

Wir sind niemals objektiv und jeder hat seine eigene Meinung, die auf seiner Sichtweise und Erfahrung beruht. Versuchen wir auf dieser Basis die besten Lösungen zu finden. Es ist unsere Stärke, dass wir aus unterschiedlichen Meinungen oder Wirklichkeiten eine neue Realität schaffen können. Vielfalt und Unterschied ist eine Stärke der Evolution.

Fortschritt gibt es nicht, wenn alle gleich sind, alle das Gleiche tun und alle das Gleiche denken. Der Motivationsregelkreis muss die Frage stellen: „Was wäre wenn?" Wir müssen Alternativen suchen und diese auch ausprobieren. Evolution ist immer auch Versuch und Irrtum gewesen.

Unser Glücksrad rollt nur mit Dopamin, Serotonin und Oxytocin. Spannen wir einen Kreis des Vertrauens um unsere Gruppe und glauben wir an den guten Willen der anderen. Hierzu ist es wichtig, dass wir unsere Werte täglich verteidigen und auch die Werte unserer Gruppe.

Opfern wir unsere Werte nicht den dopaminsüchtigen Ratten von Milner und lassen wir uns nicht wie diese Ratten behandeln.

Jeder kann damit zur Führungskraft werden und Dinge verändern, die verändert werden müssen. Führung ist eine Eigenschaft und keine Position. Menschen folgen einer Führungskraft freiwillig und sie gehorchen einem Vorgesetzten, weil sie es müssen. Manager sein reicht nicht aus, denn Manager optimieren den Automatikregelkreis. Das unterscheidet uns aber nicht von den Tieren. Wir brauchen mehr Führungskräfte.

Hier und jetzt, in diesem Augenblick geht es darum, die Würde der Menschen zu verteidigen.
Zu zeigen, dass wir anders sind und wirklich die Krone der Schöpfung verdienen. Machen wir die Welt jeden Tag ein bisschen besser.

In Abwandlung des Zitates von Neil Armstrong ist dieses Handeln nur ein kleiner Schritt für einen Menschen, aber ein Riesenschritt für die Menschheit.

Dieses Buch sollte eine Anregung sein, eine Erklärung, wie wir funktionieren und die Aufforderung an dich, das zu tun, was notwendig ist, damit wir als Menschen eine Zukunft haben.

Dranbleiben - es gibt noch Hoffnung!

Quellen & Nachwort

Das Limbische System

Hierbei handelt es sich um eine Gehirnregion, die für Emotionen, Antrieb und Lernen verantwortlich ist. Dieser Teil des Gehirns entstand zur Zeit der Säugetiere und ist damit schon sehr alt.

Diese Region ist zum Beispiel auch dafür zuständig, dass wir uns in der Welt orientieren können.

Das Limbische System liegt direkt an der Stelle, wo vom Zentralnervensystem die Signale unseres Körpers ankommen bzw. weggehen. Es hat somit schnelleren Zugriff zu diesen Signalen.

http://de.wikipedia.org/wiki/Limbisches_System

Gefühle und Hormone

Gefühle zu beschreiben ist schwierig. Es gibt bewusste und unbewusste Gefühle. Ausgelöst werden Gefühle durch einen äußeren Reiz oder durch bewusste Gedanken.

Über Gefühle gibt es mehrere Theorien. Wir unterscheiden acht Basisgefühle (Emotionen):

- Furcht / Panik
- Zorn / Wut
- Freude / Ekstase
- Traurigkeit / Kummer
- Akzeptanz / Vertrauen
- Ekel / Abscheu
- Überraschung / Erstaunen
- Neugierde / Erwartung

Wie entstehen diese Gefühle? Hierfür sind Hormone verantwortlich. Es ist also Chemie, die unser Gefühlsleben bestimmt. Chemie und unser Limbisches System. Ich nenne diesen Teil den Automatikregelkreis.

http://de.wikipedia.org/wiki/Emotionstheorien

Im Wesentlichen sind es vier Hormone, die unser Gefühlsleben beeinflussen: Dopamin, Cortisol, Serotonin und Oxytocin.

Das Belohnungssystem

Unser Belohnungssystem sitzt in einem Teil des Gehirns, den man auch Nukleus accumbens nennt. Hier sitzen Dopamin-Rezeptoren und dieser Teil des Gehirns spielt auch bei Sucht eine wichtige Rolle.

Nucleus accumbens – Wikipedia

Bedingungsloses Grundeinkommen

In Deutschland leben aktuell 81,9 Mio. Einwohner. Einer Beschäftigung gehen 42 Mio. Einwohner nach. Dies bedeutet: 39,9 Mio Einwohner gehen keiner bezahlten Arbeit nach! Sie sind nicht erwerbstätig.

Das Bruttoinlandsprodukt, also die Summe aller Dienstleistungen und Waren, die wir in einem Jahr produzieren, hat einen Wert von 2.715 Mrd. € oder 33.154 € pro Einwohner oder 2.763 € pro Monat!

Machen wir folgende Annahme, um die Mathematik zu vereinfachen: Dieses Geld wird nur von den Erwerbstätigen erwirtschaftet, dann sind dies pro Monat 5.387 €!

Unser gesamtes Steueraufkommen beträgt 1.230 € pro Erwerbstätigem und Monat. Davon sind 369 € aus der Einkommenssteuer und 282 € aus der Umsatzsteuer.

Die Sozialversicherungen kassieren pro Erwerbstätigem im Monat 384 € Rentenversicherung, 376 € Krankenversicherung und 52 € Arbeitslosenversicherung.

Dem Erwerbstätigen bleiben also pro Monat ca. 3.344 €. (Da sind noch 5 Mio. Selbstständige dabei.)

Wie sieht es mit den Nicht-Erwerbstätigen aus? Aus den Steuergeldern werden folgende Beträge monatlich verwendet:

Rentenzuschuss	107,17 €
Kindererziehungszeiten	24,02 €
Arbeitslosengeld 2	39,48 €
Wohnung und Heizung	9,82 €
Gesundheit	24,86 €
=	205,36 €

Hinzu kommen 405 €, die rechnerisch jeder Nicht-Erwerbstätige aus der Rentenversicherung erhält, plus 55 € aus der Arbeitslosenversicherung.

Die Nicht-Erwerbstätigen erhalten pro Monat und pro Person 640 € Transferleistung.

Jetzt leben in Deutschland 11 Mio Kinder, welche nicht erwerbstätig sind. Rechnet man hier nur mit 300 €, dann bekommen alle anderen 770 € pro Monat.

Das ist der aktuelle Stand der Dinge: Mathematisch bekommen alle Nicht-Erwerbstätigen eine monatliche Transferleistung von 640 €.

Wir haben also bereits ein Grundeinkommen, es ist aber nicht bedingungslos.

Diese Info findest du auch in meinem *Blog.*

Die Experimente und die Regelkreise

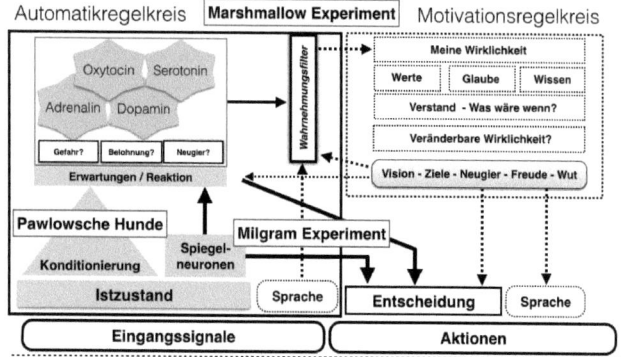

Die Erkenntnisse von Milgram, Pawlow und vom Marshmallow-Experiment greifen an den eingezeichneten
Stellen in unsere Regelkreise ein.

Alle Links im Buch

Das Limbisches System
http://de.wikipedia.org/wiki/Limbisches_System

Dopamin - Audiovortrag
http://youtu.be/QBLXf_3cm10

Serotonin - Audiovortrag
http://youtu.be/lSDadjfPofU

Adrenalin und Cortisol - Über den Stress
http://www.swr.de/odysso/warum-schlaegt-stress-bei-jedem-anders-zu/-/id=1046894/nid=1046894/did=7896228/19jllow/index.html

Oxytocin das Liebes- und Kuschelhormon
http://www.3sat.de/page/?source=/scobel/151815/index.html

Nucleus accumbens - Das Belohnungssystem
http://de.wikipedia.org/wiki/Nucleus_accumbens

Gerald Hüther und Glücksgefühle
http://youtu.be/zW1U-JUl7tg

Das Marshmallow-Experiment
http://youtu.be/mjDADDhvlzs

Pawlowsche Hunde
http://de.wikipedia.org/wiki/Pawlowscher_Hund

Es gibt kein Multitasking
http://www.forbes.com/sites/travisbradberry/
2014/10/08/multitasking-damages-your-brain-and-ca-
reer-new-studies-suggest/

Ergebnisse der University of California, Irvine
https://www.ics.uci.edu/~gmark/CHI2005.pdf

Priming, die Geschichte muss weiter gehen
http://youtu.be/vI0fFEffDd8

Was bei Kommunikation ankommt
http://de.wikipedia.org/wiki/Albert_Mehrabian

Warum wir nicht mehr als 150 Freunde haben
http://de.wikipedia.org/wiki/Robin_Dunbar

Zu was wir alle fähig sind
http://youtu.be/0MzkVP2N9rw

Papst Franziskus kritisiert Profitgier
http://www.spiegel.de/panorama/gesellschaft/papst-
franziskus-kritisiert-profitgier-a-900402.html

Die Vergütung unserer Manager
http://www.wiwi.hu-berlin.de/professuren/bwl/ma-
nagement/managerverguetung/Verguetungsstu-
die_2011%20Schwalbach%20Humboldt-Uni.pdf/

Die Abfindung unserer Manager
http://www.wiwo.de/unternehmen/industrie/zehn-
jahresvergleich-so-hat-sich-das-gehalt-der-dax-vorstaen-
de-veraendert/9645600.html

John Maynard Keynes
http://de.wikipedia.org/wiki/John_Maynard_Keynes

Der Rosenthal-Effekt
http://de.wikipedia.org/wiki/Pygmalion-Effekt

Die bekannteste Formel
http://de.wikipedia.org/wiki/Äquivalenz_von_Masse_und_Energie

Wie Geld entsteht
http://youtu.be/xfOkFJwg80o

Die letzten Worte

Dieses Buch soll eine Inspiration sein. Es soll dich inspirieren, ein Leben zu führen, das uns Menschen gut tut, indem wir uns jeden Tag weiter entwickeln. Mit dem wir ist dabei immer deine Gruppe gemeint. Sofern wir die gleichen Werte teilen, ist dies auch meine Gruppe. Wenn wir wissen, wie wir funktionieren, dann können wir unser Umfeld besser verstehen. Auch hierzu ist dieses Buch eine Inspiration.

Ich glaube, unser Verhalten ist ähnlich, ganz gleich, welche Religion wir als unsere bezeichnen. Immer werden die Werte und der Glaube durch die Gesellschaft bestimmt, in der wir erzogen wurden.

Ich glaube auch nicht mehr, dass es um die großen Auseinandersetzungen zwischen Kapitalismus und Kommunismus geht. Meine Kritik am kapitalistischen System kommt daher, dass dieses System inzwischen destruktiv ist und uns alle kaputt macht.

Die Lösung dafür kann nicht das kommunistische System sein. Es geht in unserem Leben von Geburt an einzig um zwei Dinge: Entwicklung und Geborgenheit. Der Kommunismus hemmt die Entwicklung und der Kapitalismus lässt jegliche Geborgenheit vermissen.

Unser Glück liegt zwischen diesen Polen.

Welche Dinge hier eine Rolle spielen, habe ich versucht, in diesem Buch zu erklären.

Jetzt liegt es an dir.

Dranbleiben - es gibt noch Hoffnung.

Wir sehen uns auf: www.ikeanet.de